ENGAGE-TOI !

GRÉGORY TURPIN

ENGAGE-TOI !

Prélude de Jean Vanier

LES ÉDITIONS DU CERF

www.editionsducerf.fr
24, rue des Tanneries
75013 Paris

ISBN 978-2-204-10864-5

Voici un livre qui chante, porteur d'espoir et indiquant une voie.
Il est écrit pour ceux qui se sentent perdus et cherchent une lumière. Il est écrit par un homme qui lui-même a cherché et a trouvé un chemin à travers des échecs lourds. Il s'est relevé à la vie.
Grégory est chanteur, un chanteur d'espérance, un ami de l'Arche et des personnes faibles et exclues. Il dévoile dans ces pages, quinze chemins pour se trouver soi-même et entamer son chemin de vie.
Ce livre s'adresse aux jeunes avant tout mais aussi à tous ceux et celles qui cherchent un chemin de paix et de fraternité universel, à tous ceux qui veulent faire tomber les murs et découvrir la beauté de personnes différentes.
C'est un très beau livre, source d'espérance, chantant Jésus, appelant chacun à prendre sa place librement dans notre monde complexe et conflictuel.

JEAN VANIER

La joie que j'ai aujourd'hui d'être un artiste chrétien n'est pas le fruit d'un parcours linéaire : celui d'un chanteur qui aurait gravi les échelons régulièrement et sans fausse note jusqu'à atteindre la notoriété. Elle n'est pas non plus le fruit d'un désir conscient de « m'engager » à tout prix, pour occuper le devant de la scène et changer le monde tout seul. Elle prend sa source, beaucoup plus simplement, dans une conviction acquise très jeune que Dieu existe, qu'il m'aime et qu'il désire le meilleur pour moi. Cette joie d'être un artiste chrétien naît aussi d'une succession d'épreuves et de déceptions, comme dans toute vie. Mais en suivant mes désirs le plus profonds, j'ai été porté par un élan de vie plus grand que mes doutes et mes blessures.

Je n'ai pas toujours été le chrétien sûr de sa foi et de ses engagements dont on peut avoir l'image aujourd'hui. J'ai découvert la foi à l'âge de quinze ans, bien plus tard que la plupart de jeunes que je rencontre dans mes engagements pastoraux. Je sais maintenant que cette foi a mûri, pas après pas. Mais dès le début, ce que je ressentais était tellement fort, tellement évident, que j'ai voulu donner toute ma vie à Dieu. J'ai choisi d'être Carme à dix-huit ans et cela n'a pas marché comme je le souhaitais. J'ai cru alors que Dieu me rejetait et, à mon tour, je l'ai rejeté. Mon désir de devenir artiste s'est développé à ce moment où j'étais éloigné de Dieu. J'avais dix-neuf ans et j'ai commencé par chanter pour gagner ma vie. Aujourd'hui si on me dit que je suis un chanteur chrétien, je réponds que je suis d'abord un chanteur, et que, si je n'avais pas la foi, je chanterai quand même. C'est ce qui m'a conduit à travailler en dehors du cadre de la musique chrétienne, à m'entourer de musiciens qui ne partageaient pas forcément ma foi. Parmi eux, certains sont toujours à mes côtés et m'accompagnent aujourd'hui lorsque je chante mon amour pour Dieu. La musique réunit plus largement qu'elle ne divise. Qu'un jour puissent coexister ma passion pour la musique et ma volonté de témoigner de ma foi auprès d'un large public, je n'osais même pas l'imaginer !

Au contraire, ma conviction aujourd'hui est qu'engagements artistique, pastoral et missionnaire peuvent rayonner *ensemble*. J'ai une responsabilité : celle de continuer à me donner après avoir tant reçu. Depuis que j'ai commencé la musique et mon service pour les jeunes au sein de l'église, j'ai rencontré de nombreuses personnes, de différents âges et cultures. Chacune, avec sa personnalité et ses talents, m'aide à comprendre ce que signifie donner sa vie pour Dieu et vivre en chrétien quotidiennement. On ne se lève pas chaque matin en étant sûr de ce qu'on va faire pendant la journée. On ne se lève pas chaque matin avec la conviction qu'on va changer le monde. Mais au contact de personnes désireuses de s'engager et de donner sens à leur vie, on se met en route, on avance et on en entraîne d'autres.

C'est plus particulièrement dans la jeunesse que fleurit le désir de tout changer, de construire un avenir meilleur. Ce grand élan de générosité s'amenuise à mesure que le sentiment d'incapacité à changer le monde grandit. La tentation de se recroqueviller sur soi prend alors le dessus et nous plonge par dépit dans l'individualisme. On essaie de mener la meilleure vie possible, chacun dans son coin. Cette désillusion touche tout le monde sans exception, sans distinction. Je pense en particulier à un étudiant de bonne famille que j'ai connu. Depuis, il a eu un très joli parcours, occupe un poste à responsabilités dans une banque, gagne de l'argent. Il vient de se marier et d'avoir un enfant. Il semble avoir tout pour être heureux mais il n'est pas épanoui. La grande générosité qu'il exprimait plus jeune a été enfouie sous le devoir de devenir « quelqu'un de bien », respecté pour ce qu'il fait. Mais peut-être pas pour ce qu'il est. De nos jours, on travaille davantage parce qu'il faut travailler que pour apporter sa pierre à la société. à l'inverse, j'étais un adolescent issu d'un milieu populaire qui ne savait pas comment donner du sens à sa vie. C'est paradoxal, mais il arrive souvent qu'on ne se sente pas à la hauteur, même si on accumule des succès apparents.

Je rencontre deux types de jeunes, ceux de l'aumônerie et ceux qui entendent mon témoignage. Ceux que j'accompagne à l'aumônerie ont la plupart du temps grandi dans des familles chrétiennes, reçu les enseignements de l'Église, et pour la majorité d'entre eux ont conscience qu'ils seront amenés à prendre dans leur vie des décisions qui les « engageront ». Les autres n'ont pas forcément de rapport direct avec l'Église, mais comme tous les jeunes de leur âge, ils écoutent de la musique, et parfois en jouent. Ma chance est de pouvoir rejoindre chacun d'eux là où ils sont : près de l'Église ou plus loin. Le pape François nous invite à aller aux périphéries. J'y vais par la musique et la mission pastorale. J'ai eu l'opportunité de développer mes propres idées en la matière, grâce à la confiance que plusieurs institutions m'ont accordée, et grâce à mon public qui m'en donne les moyens financiers. J'ai pu fédérer des équipes autour de moi qui travaillent dans la pastorale, la production musicale, l'édition, la communication auprès des médias et l'humanitaire. Ce sont les différents aspects d'un seul engagement que j'essaie de tenir auprès de Dieu : témoigner au plus grand nombre du bonheur qu'il y a à ouvrir son cœur à son Amour. C'est un amour exigeant qui a fait la vérité en moi, qui m'a profondément transformé et qui me pousse à l'action en cohérence avec cette vérité. C'est le message que nous devons répandre autour de nous, notre baptême nous y engage.

L'engagement dans l'Église existe depuis les premiers temps apostoliques. Même si ses formes changent, il continue à être crucial pour notre propre cheminement vers la sainteté et pour le monde. À chaque époque, l'Église a connu des défis : actuellement, le monde est confronté à des transitions très fortes, parfois brutales, dans lesquelles s'expriment le meilleur et le pire de ce que l'Humanité peut léguer aux générations à venir. Les idées foisonnent. Des talents s'expriment. Le monde n'a jamais été aussi créatif. Mais s'engager, c'est d'abord répondre à l'exigence du bien dans la durée, alors qu'il est toujours plus facile de céder à la tentation de la facilité, de l'éphémère. Et pour persévérer, il faut aimer.

Notre premier engagement est l'Amour. Nous sommes capables de déployer une énergie considérable pour nos études ou notre travail, sans prendre le temps de nous demander si ces engagements nous rendent heureux et rendent les autres heureux. Nous avançons la tête dans le guidon et, pendant ce temps-là nous laissons la place à ceux qui s'opposent aux valeurs de charité et d'espérance et se complaisent dans des discours alarmistes et vindicatifs. Si notre premier engagement est d'aimer, commençons par nous aimer nous-mêmes, puis prenons soin de porter un regard de bienveillance sur les autres.

Comment annoncer cet Amour pour le faire entendre à nos contemporains ? Il faut ajuster notre apostolat à la réalité, sous peine d'être contre-productif. Aujourd'hui, sans doute plus qu'hier, les mots comptent peu, il faut justifier par ses actes le message qu'on porte. Rien ne sert de disserter sur la foi chrétienne, il faut témoigner simplement de la joie qu'on ressent d'avoir donné sa vie et comment celle-ci a changé. Pour être entendus, je suis convaincu que nous devons rester accessibles, partir de là où les gens en sont vraiment. J'ai fait le choix d'orienter ma musique vers la forme populaire de la variété française. Je n'espère pas convertir mon public par de simples chansons, mais communiquer une émotion artistique qui en poussera certains à s'intéresser au contenu de mes textes, à se questionner sur ma démarche assumée de chanteur d'inspiration chrétienne. Peut-être seront-ils interpellés par mes autres engagements et j'espère qu'ils comprendront que ce qui m'anime, c'est le Christ. Je ne cherche pas à ce qu'on m'admire sur scène, ni à ce qu'on s'intéresse à mon existence en tant que telle, mais je voudrais qu'on puisse voir comment Dieu a agi dans ma vie. Chacun peut témoigner ainsi. Toute la gloire revient à Dieu, nous ne sommes que des instruments à son service si nous le voulons bien. À nous de savoir accorder ces instruments.

Aucune forme d'engagement n'est plus forte ou plus légitime qu'une autre. L'engagement intellectuel, l'engagement familial, l'engagement religieux sont les plus répandus. Tout le monde connaît quelqu'un qui s'est engagé dans l'une de ces voies, voire dans plusieurs lorsque c'est possible et cohérent. Les moyens d'exprimer sa foi et de la partager sont multiples et adaptés aux talents de chacun. S'engager, c'est commencer, faire un pas, même petit. Être impliqué dans un projet conduit nécessairement à rencontrer d'autres personnes, qui ont elles aussi une vision de ce qu'elles veulent et peuvent apporter au monde selon leur talent. C'est ainsi que les rencontres se font, que les idées germent, que les projets se construisent. Ma particularité est d'évoluer dans un univers musical et humain où ces différentes formes d'engagement se croisent et s'entraînent les unes vers les autres dans une dynamique productive. Nous avons créé un spectacle musical avec des jeunes, puis nous avons proposé un projet à une grande maison de disques et une chaîne de télévision catholique nous a proposé de produire une émission régulière... Pendant sa préparation, j'ai rencontré un pasteur et l'idée d'écrire un livre a vu le jouretc. De nouveaux engagements découlent souvent des précédents.

Vous qui cherchez à vous engager, ouvrez les yeux sur ce qui vous entoure et demandez-vous si votre premier appel n'est pas à côté de vous : auprès de vos proches, de ceux que vous fréquentez chaque jour. On ne peut pas se voir confier de grands projets si l'on n'est pas d'abord fidèle dans les petites choses, qui peuvent sembler insignifiantes mais qui sont indispensables à la fraternité. Des choses que l'on fait vite, sans réfléchir, ont des conséquences parfois très fortes : une porte que l'on n'a pas tenue, une parole de réconfort que l'on n'a pas prononcée...

Le petit engendre le grand. Le grand devient alors accessible ! L'un de mes engagements est avant tout un appel lancé à ceux qui pensent que les grands projets, les grandes réalisations sont réservées au monde artistique ou professionnel. Ils disent que l'engagement pour l'Église c'est autre chose, que cela doit rester simple pour être juste. Je suis convaincu du contraire : s'engager pour parler de Dieu peut donner lieu à des projets exigeants. Le professionnalisme et le désir de bien faire ne représentent pas un manque d'humilité. Pour émerger parmi tous les projets non-chrétiens de qualité, il faut être audacieux, ne pas avoir peur de voir les choses en grand, ne pas avoir peur de s'entourer, de créer, de renouveler. J'en ai fait personnellement l'expérience, notamment lorsque j'ai dû prendre des risques dans ma carrière artistique. Quand j'ai choisi de rejoindre la maison de disques Universal, j'étais conscient de prendre un nouveau virage. Ce n'était pas seulement une grande étape à titre personnel, c'était aussi un pari : celui d'élargir le public susceptible d'être sensible à un artiste chrétien sans donner l'impression que je me détournais à mon public fidèle. Prendre des décisions, c'est aussi renoncer à certaines choses pour avoir davantage de temps à consacrer à d'autres. On ne peut pas être partout à la fois.

Très vite, la conviction m'est alors venue que la scène chrétienne avait de l'avenir en France. Que parmi tous les modes d'engagements dont disposent les jeunes, la musique figure parmi ce qui rassemble les croyants et rend curieux les non-croyants. Très vite aussi, j'ai senti que de nombreux artistes ne demandaient qu'à pouvoir exprimer leur foi à travers leur art, mais qu'il leur manquait parfois la connexion, le contact, la rencontre décisive pour les convaincre de s'engager dans cette voie et les soutenir. Nous avons les moyens de dire notre joie d'aimer Dieu, chacun à notre manière. Je vois tant de chrétiens se réveiller et demander de nouvelles formes capables de « rivaliser » en termes de qualité avec les arts non-chrétiens et l'industrie profane du divertissement. J'ai la certitude qu'il est urgent de préparer dès maintenant l'avenir en donnant l'opportunité à d'autres artistes chrétiens d'exister.

Ne pas s'engager c'est prendre le risque de la solitude. On a tous déjà fait l'expérience de la tristesse qu'elle engendre : quand on protège jalousement son temps et son énergie, au bout d'un certain temps, on se découvre plus seul et malheureux que jamais.

On dit qu'aujourd'hui il est plus difficile de s'engager. Aux yeux des aînés, les jeunes passent pour des individualistes et des désengagés. Ils donneraient moins de temps aux associations que leurs aînés. Ils ne se déplaceraient plus pour voter et prendraient leurs distances face à la vie de la Cité. Frustration ? Repli ? Faut-il l'interpréter comme un refus catégorique de s'engager ? Peut-être cherchent-ils des formes d'engagement mieux adaptées à leurs convictions et leurs modes de vie.

Alors à toi, qui souhaites t'engager mais qui ignores par où commencer et comment s'y prendre, tu as bien fait de prendre ce livre entre tes mains afin d'y trouver quelques conseils.

Faut-il s'engager ?

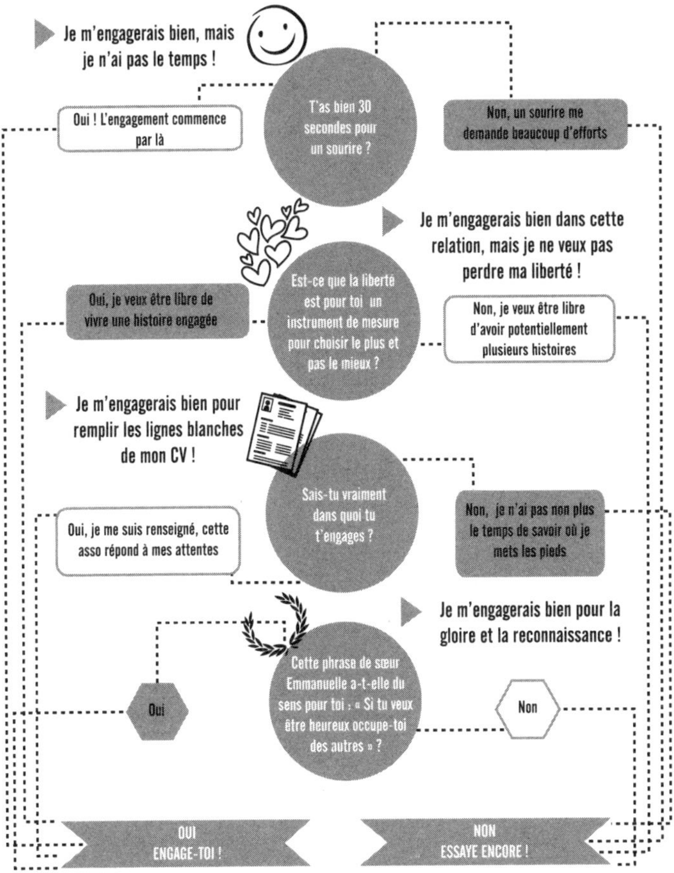

Nais à nouveau

« Tu as du prix aux yeux de Dieu. » Cette phrase est celle qui m'a permis de naître une seconde fois. Ce n'était pourtant pas gagné. Mon enfance n'a pas été très heureuse et elle m'a laissé marqué par une forte timidité et un sentiment incontrôlable d'inutilité. Je recherchais désespérément le moindre talent en moi, plongé dans une spirale de repli et d'autodépréciation. L'absence répétée de mes parents et des événements familiaux compliqués n'ont fait qu'attiser ces peurs et ces angoisses. Jusqu'au jour où j'ai rencontré le père Marc. Je ne connaissais à l'époque rien de Dieu. La religion était alors pour moi quelque chose de bien trop lointain, trop élitiste.

Et pourtant, c'est un prêtre qui a réussi à m'apprivoiser. J'ai douze ans et je suis un collégien en échec scolaire dans un établissement privé d'une petite ville de province. Ma vie est sans histoire mais écrasée par le poids d'une souffrance envahissante : le manque de reconnaissance. Le père Marc est l'aumônier du collège. Il a compris comment sympathiser avec moi. Comme je joue un peu de guitare, il me propose de rejoindre le groupe de musique de l'aumônerie. J'accepte, sans trop savoir pourquoi, touché par l'intérêt qu'un adulte peut me porter, alors que je pensais n'avoir rien de particulier. Dieu est, à ce moment-là, absent de mes préoccupations. Je me rends à l'aumônerie, comme je serais allé à un entraînement de foot, pour partager avec d'autres des instants de détente et de bonne humeur. Je ressens tout de même que quelque chose se passe pendant la messe. Elle devient un moment particulier et un certain sentiment de quiétude s'installe en moi. En participant à l'animation, quand je chante et joue de la guitare, je me sens à ma place, valorisé, estimé, aimé. Je continue à participer à des événements proposés par l'aumônerie en vivant pleinement ces rencontres sans me poser beaucoup plus de questions sur une éventuelle foi en devenir. Progressivement, je décèle un petit plus chez ceux qui m'entourent, que j'ai du mal à identifier et que je ne retrouve pas dans ma vie... Une pratique qui m'est encore inconnue, qui me semble si étrangère et qui un soir, lors d'une veillée thérésienne, me semble finalement si évidente. Je me mets à prier, à m'abandonner à Dieu. Je suis entouré de gens qui prient avec ferveur et je me dis : « Pourquoi ne pas essayer ? Je n'ai rien à perdre ! » Au risque d'avoir l'air idiot, je ferme les yeux et je demande à Dieu de répondre à mon appel... Il y répond en se révélant à moi. C'est tellement fort, tellement bon, tellement nouveau que je ne peux que reconnaître que ce que je ressens ne provient pas de moi. Il y a bien un Dieu, qui veut s'adresser à moi et qui me comble d'un amour que je n'aurais jamais cru pouvoir susciter...

Mon premier engagement en tant que chrétien, je l'ai donc eu auprès du père Marc, en allant chaque samedi soir à la messe des jeunes. Évidemment ce n'était pas un engagement sans conséquence. Il a bouleversé ma vie et ma relation aux autres, à ma famille, à mes amis, et à moi-même.

C'est la Bible qui le dit !

Ne crains pas, car je t'ai racheté, je t'ai appelé par ton nom : tu es à moi. Si tu traverses les eaux je serai avec toi, et les rivières, elles ne te submergeront pas. Si tu passes par le feu, tu ne souffriras pas, et la flamme ne te brûlera pas. Car je suis Yavhé, ton Dieu, le Saint d'Israël, ton sauveur. [...] Car tu comptes beaucoup à mes yeux, tu as du prix et je t'aime. Aussi je livre des hommes à ta place et des peuples en rançon de ta vie. Ne crains pas, car je suis avec toi, du levant je vais faire revenir ta race, et du couchant je te rassemblerai. Je dirai au Nord : Donne ! et au Midi : Ne retiens pas ! Ramène mes fils de loin et mes filles du bout de la terre, quiconque se réclame de mon nom, ceux que j'ai créés pour ma gloire, que j'ai formés et que j'ai faits.

Isaïe 43, 1-7

Conseil # 1

Accepte de te laisser approcher par ceux qui t'entourent, qui voient en toi tout le bien dont tu es capable. Participe, sans rien attendre en retour, au service de ton prochain et fais en sorte de t'y tenir !

Aime-toi toi-même

S'engager auprès des autres et les aimer, sans s'aimer soi-même, c'est possible, mais beaucoup plus difficile.

À dix-huit ans, mon plus profond désir est d'offrir ma vie à Dieu en entrant au Carmel. C'est un engagement radical : je souhaite vouer mon existence au silence et la prière, en retrait du monde, dans une communauté religieuse.

Cette décision attriste mon père. Autour de moi rares sont ceux qui comprennent, mais je m'en fous ! Je suis certain de ma vocation. J'entre comme novice au Carmel de Montpellier, quelques mois après ma majorité. J'y trouve immédiatement ma place, comme si tous mes problèmes étaient restés aux portes du couvent. Rien ne me déplaît dans cette nouvelle vie, je progresse dans l'intimité avec Dieu et la bienveillance de mes frères plus âgés me porte. Les jours passent, rythmés par la discipline du Carmel qui ne me pèse en aucune manière et je vis de plus en plus le cœur à cœur avec Dieu dont parle sainte Thérèse. Avant mon entrée au Carmel, on m'avait demandé de témoigner de mon engagement futur lors d'un rassemblement de jeunes. J'avais timidement proclamé que ma vocation était de donner ma vie pour servir les trois vertus théologales : prier pour ceux qui n'aiment pas, ceux qui ne croient pas et ceux qui n'espèrent pas.

Il me semble que tout est accompli : je vouerai ma vie à la prière pour toujours ! Je revêts l'habit des frères Carmes et je reçois un nouveau nom : frère Jean-Grégory de Jésus-Crucifié. Jamais je n'ai été aussi heureux.

Puis tout s'écroule, il semblerait que Dieu en ait décidé autrement. Au bout d'un an, je suis contraint de quitter ce lieu que j'aime tant, à cause d'une santé qui ne me permet plus de vivre l'appel que je pensais avoir reçu de Dieu. Je dois dire adieu à mes frères, retourner dans le monde et faire face à tous les problèmes que j'avais fuis. Que vont penser tous ceux qui se moquaient de ma volonté de devenir religieux ? Et surtout que vais-je faire de ma vie ? C'est en colère, plein d'incompréhension et d'amertume, que je referme la porte sur cette expérience en communauté. Je crois alors que Dieu m'a abandonné, que je ne suis pas assez bien pour lui. J'ai échoué. Je ne suis pas à la hauteur de mes ambitions et encore moins des siennes. Ma vie s'effondre. Elle n'a plus de sens et je sombre. Je sombre parce que je ne parviens pas à m'accepter tel que je suis avec mes faiblesses et mes limites. Je ne m'aime plus assez.

Plusieurs années s'écoulent, marquées par le désespoir, la drogue et l'envie d'en finir, avant que je ne consente à être celui que je suis vraiment. C'est un combat qui n'est jamais gagné et pour lequel je lutte encore aujourd'hui. Mais j'ai compris que le Seigneur souhaite que l'on soit pleinement ce qu'il a voulu que nous soyons. Peut-être que dans ma volonté de mener une vie cachée au Carmel, et dans mon incapacité à tourner la page, il y avait un aveuglement, un orgueil, une méconnaissance de moi-même qui m'empêchait de m'accepter tel que je suis. Je crois que j'étais persuadé de savoir mieux que Dieu, ce qui était bon pour moi.

Le regard miséricordieux de Dieu est d'une aide précieuse pour être vraiment soi-même. S'accepter, s'aimer, tels que nous sommes, avec nos qualités, nos talents, nos défauts, nos limites est difficile, c'est pourtant ce qui permet d'aller plus loin, de se dépasser, d'être libre, d'apprendre à se regarder avec miséricorde, de ce même regard que Jésus porte sur nous.

Cette acceptation me permet de comprendre que l'appel que j'ai reçu au Carmel n'était pas une illusion mais une préparation à ce que je vis aujourd'hui. C'est une blessure nécessaire, un obstacle qui m'oblige à me voir différemment. Dieu me bouscule dans mes certitudes, dans ce que je pense être ma connaissance et mon amour de moi. Moi qui pensais servir les autres en étant contemplatif, je l'accomplis aujourd'hui en étant actif dans le monde.

Cet appel à être soi-même peut sembler très banal. Tout le monde s'accorde sur ce sujet. Nous sommes environnés de messages publicitaires qui nous invitent à « être nous-même » et à ne pas suivre la société. Ces exhortations nous incitent davantage à suivre nos instincts de consommation inavoués plutôt qu'une véritable réflexion sur ce que nous sommes vraiment ! Combien de fois ai-je entendu : « je ne me prends pas la tête, je suis moi-même » pour signifier aux autres qu'on n'est pas coincé ou pour justifier nos comportements pas très civilisés. On est loin de la véritable connaissance de soi qui permet d'être ce que l'on est vraiment, aux yeux de Dieu, au-delà de ses illusions et de ses penchants. Rien de mieux pour cela que de relire notre passé, discerner honnêtement quels sont nos qualités et nos défauts, et demander à Dieu de venir purifier en nous ce qui fait obstacle à ce qu'il veut que nous soyons.

Les étapes de la vie se superposent avec les étapes de l'engagement. L'appel que j'ai reçu quand j'étais adolescent, c'était de donner ma vie par la prière à ceux à qui il manque l'essentiel : l'Amour, l'Espérance et la Foi. Paradoxalement, le Seigneur m'a demandé d'accomplir cela, pas en tant que religieux contemplatif, mais en tant qu'acteur engagé dans le monde. Moi qui voulais être caché, je suis exposé. Ce paradoxe crée un équilibre qui m'a permis d'apprendre à me connaître. L'Espérance est notre alliée dans ces moments de bouleversement, elle nous aide à relire le passé en ouvrant une perspective d'avenir. Qu'est-ce que le Nouveau Testament si ce n'est la relecture des faits et gestes de Jésus à la lumière de la Résurrection ? Apprendre à relire est si important. On ne peut pas construire une relation à Dieu et aux autres dans l'immédiateté.

C'est la Bible qui le dit

Au nom de la grâce qui m'a été donnée, je le dis à tous et à chacun : ne vous surestimez pas plus qu'il ne faut pour vous estimer, mais gardez de vous une sage estime, chacun selon le degré de foi que Dieu lui a départi. Car, de même que notre corps en son unité possède plus d'un membre et que ces membres n'ont pas tous la même fonction, ainsi nous, à plusieurs, nous ne formons qu'un seul corps dans le Christ, étant, chacun pour sa part, membres les uns des autres. Mais, pourvus de dons différents selon la grâce qui nous a été donnée, si c'est le don de prophétie, exerçons-le en proportion de notre foi ; si c'est le service, en servant ; l'enseignement, en enseignant ; l'exhortation, en exhortant. Que celui qui donne le fasse sans calcul ; celui qui préside, avec diligence, celui qui exerce la miséricorde, en rayonnant de joie.

Épître aux Romains 12, 3-8

Conseil # 2

Prends le temps de te connaître, de t'estimer pour ce que tu es, pour ce que tu aimes, pour ce que tu apportes aux autres. Ce n'est pas le but, mais c'est un passage obligé. Tu pourras alors franchir les prochaines étapes beaucoup plus facilement. Accorde-toi le temps de relire chacune de ces étapes en faisant des bilans régulièrement. N'hésite pas à te faire aider par quelqu'un en qui tu as confiance ou par un accompagnateur spirituel.

Deviens ce que tu es

Ce qui est fou, c'est qu'on est souvent tellement persuadé de ce qui est bien pour nous que ça peut finir par nous couper de toute forme d'engagement dans ce qui nous révèle réellement, alors que pour moi l'engagement c'est se révéler dans ce que l'on est. Quand on s'engage après avoir reçu un appel, le Seigneur réalise en nous ce qui va nous permettre de nous révéler pleinement, et si on n'y arrive pas c'est sans doute que l'engagement qu'on a choisi n'est pas parfaitement ajusté. Étais-je pleinement moi-même, lorsque j'aspirais à devenir religieux ? Sans doute pas, puisqu'il me manquait une dimension et en particulier celle de pouvoir m'exprimer par la musique. J'ai découvert cela assez récemment. Longtemps j'ai vécu mon engagement dans la musique et dans la pastorale comme un palliatif, je n'avais pas réussi à faire le deuil du Carmel. Il m'a fallu du temps pour comprendre que j'étais vraiment à ma place dans ma démarche artistique et que c'est par elle que je peux répondre entièrement à ma vocation de baptisé.

Ma démarche artistique a évolué, au début elle était un défouloir, une thérapie, un moyen d'expression et depuis quelques années elle s'est apaisée et enrichie. Je souhaite aujourd'hui toucher, par ma musique, la sensibilité du plus grand nombre afin de révéler la gloire de Dieu. Ce ne sont pas mes textes, ni ma musique qui convertissent, mais j'espère qu'ils peuvent être une porte d'entrée, un message clair pour ceux qui l'entendent. Je demande à Dieu que ma vie puisse être un témoignage pour ceux qui ne le connaissent pas. Et je demande également la grâce de pouvoir chanter pour les plus fragiles, ceux qui souffrent de par le monde. C'est mon engagement aujourd'hui.

Je peux dire désormais que je m'épanouis pleinement dans ce que je fais, bien que la route ait été longue et sinueuse pour que j'en prenne complètement conscience. J'ai aussi accepté de faire confiance à Dieu. Je sais qu'il veut le meilleur pour moi et qu'il est tout-puissant, je comprends que je ne peux que m'abandonner à lui et lui faire confiance, comme un enfant. Pas comme un gamin capricieux, mais comme un fils qui s'abandonne dans les bras de son père. Le Royaume est un espace d'intimité avec lui : partager sa compagnie, recevoir son enseignement, accepter sa volonté comme critère d'action. Ses paroles, paroles de vie éternelle, éclairent notre chemin et nous incitent à rechercher son amitié. Certes, la venue du règne de Dieu n'est pas observable mais il se rend présent à tous, à travers la Croix, sans autre frontière que celle des cœurs étroits. Son lieu est l'intériorité de chacun. C'est là qu'il grandit, c'est à partir de là qu'il agit. Il réclame la libre adhésion de l'amour.

J'ai donc appris à me connaître, avec l'aide du Seigneur pour devenir ce que je suis. Ce n'est pas simple et autant s'y prendre à l'avance ! Bien se connaître c'est multiplier les chances de faire les bons choix. Accepter de discerner sa vocation autrement. Ne pas tenir son engagement, est parfois quelque chose qui échappe à notre volonté. Vouloir tenir un engagement coûte que coûte, s'il est mal ajusté, est une façon de refuser l'exercice de se connaître. Lutte contre tes certitudes.

C'est la Bible qui le dit

Moi, je suis le pain de la vie. Qui vient à moi n'aura jamais faim ; qui croit en moi n'aura jamais faim ; qui croit en moi n'aura jamais soif.

Évangile de Jean 6, 35

Moi, je suis la lumière du monde. Qui me suit ne marchera pas dans les ténèbres, mais aura la lumière de la vie.

Évangile de Jean 8, 12

Moi, je suis la porte. Si quelqu'un entre par moi, il sera sauvé, il entrera et sortira, il trouvera un pâturage.

Évangile de Jean 10, 9

Moi, je suis le bon pasteur ; le bon pasteur dépose sa vie pour ses brebis.

Évangile de Jean 10, 11

Moi, je suis la résurrection. Qui croit en moi, même s'il meurt, vivra ; et quiconque vit et croit en moi ne mourra jamais.

Évangile de Jean 11, 25-26

Moi, je suis le Chemin, la Vérité et la Vie.

Évangile de Jean 14, 6

Moi, je suis la vigne véritable et mon Père est le vigneron.

Évangile de Jean 15, 1

Marche dans les pas du Seigneur qui déclare « Je suis ». Et toi qui es-tu ?

Conseil # 3

À faire chaque soir, en trois minutes top chrono. Dans ton lit avant de t'endormir : relis ta journée et note ce que tu as fait de bien, ce que tu as fait de moins bien et ce que tu peux améliorer. Le but n'est pas de se dire « je suis génial » ou « je suis vraiment nul » mais d'apprendre à se connaître, d'ajuster au fur et à mesure nos engagements et d'aller de l'avant. Plus on se connaît et plus on répond à ce pour quoi on est fait.

Choisis la liberté

Quand je pose la question à des lycéens sur ce qu'est la liberté, certains me répondent parfois par provocation : « C'est faire ce que je veux quand je veux ». C'est une belle expression de l'individualisme qui règne en maître, sans doute encore plus aujourd'hui qu'hier. La pensée dominante a remplacé la fraternité par la tolérance, ou encore pire l'individualisme assumé et le relativisme : chacun fait ce qu'il veut, chacun pense ce qu'il veut. J'entends aussi « je ne fais de mal à personne en menant ma petite vie de mon côté ». Je veux une vie légère, facile, je désire profiter du temps que j'ai à ma disposition sans trop me poser de questions. Mais cette façon d'être conduit à l'indifférence. La liberté c'est autre chose, car nos actes ont des conséquences. Ce que l'on fait de bien a des conséquences positives. Ce que l'on fait de mal à des conséquences négatives. Sur nous, sur les autres.

J'ai retrouvé ma liberté quand j'ai arrêté la drogue. J'ai pris régulièrement de la cocaïne et de l'ecstasy lorsque j'ai commencé à chanter dans le monde de la nuit, juste après ma sortie du Carmel. À l'époque, je suis en révolte contre Dieu. Mon addiction, qui n'a pas duré très longtemps, est plus psychologique que physique : la drogue efface tout ce que je n'aime pas chez moi. Ma timidité, mon introversion, mon sentiment d'être nul. Dès que la cocaïne s'empare de mon corps tous ces traits que je hais disparaissent. Sur le coup, c'est assez génial. Puis, dès que les effets de la drogue s'estompent, je me retrouve à nouveau face à moi-même, encore plus triste et désespéré. Plus ça va, moins je m'aime. L'effervescence de quelques heures laisse place à la dépression et aux tentatives de suicide.

Finalement, un soir où je suis en boîte, on me propose de prendre une drogue plus dure que celles que j'ai l'habitude de prendre, c'est du LSD. Dans ma tête c'est assez clair, cette soirée marque un point de non-retour : si je dis oui, je ne pourrai plus jamais dire non.

Ma vie n'est qu'un instant, une heure passagère
Ma vie n'est qu'un seul jour qui m'échappe et qui fuit
Tu le sais, ô mon Dieu ! pour t'aimer sur la terre
Je n'ai rien qu'aujourd'hui !...
Oh ! je t'aime, Jésus ! vers toi mon âme aspire
Pour un jour seulement reste mon doux appui.
Viens régner dans mon cœur, donne-moi ton sourire
Rien que pour aujourd'hui !

C'est cette prière de Thérèse de Lisieux qui résonne soudain en moi, et c'est sans doute ces mots qui me donnent la force et la volonté d'arracher ma liberté à ce qui empoisonne à petit feu mon existence. Ce que je désire à cet instant c'est être enfin heureux et pour cela il faut que je reprenne mes appuis. Durant ma période marquée par la drogue, je choisis la facilité, en m'imaginant que la vraie liberté c'est celle de pouvoir faire tout et n'importe quoi, sans réellement choisir. Et je comprends que je n'ai rien compris justement. Le bonheur réside dans le choix d'un cheminement exigeant me conduisant à une paix et à une joie. Ce travail de reconstruction va durer près de deux ans. Spirituellement, c'est un prêtre qui m'accompagne. Durant ma quinzième année, j'avais décidé d'aller me confesser au moins une fois par mois. J'ai respecté cet engagement même durant la période où je me drogue et où ma vie sombre dans toutes sortes d'excès. Je trouve dans cet engagement une forme de liberté, alors que je suis enchaîné par mes addictions. J'ai conscience que ce que je fais est mal. Je ressens cependant le besoin de me confier à une oreille attentive. J'ai la chance de tomber sur ce prêtre qui m'écoute, avec patience, sans jamais se lasser de m'entendre répéter toujours les mêmes horreurs. Il est le signe de la miséricorde de Dieu qui ne se lasse pas d'attendre que nous revenions vers lui.

L'engagement est un lien qu'on doit accepter librement et dont le seul moyen de se libérer est l'accomplissement de toutes les choses promises. Si je m'engage par le mariage auprès de ma femme, je ne serai jamais plus libre d'aller voir ailleurs. Quelle est la liberté que je gagne ? Celle de vivre de ce lien unique et indissoluble qui peut exister entre deux êtres.

Si je m'engage dans l'église je n'aurais plus la liberté de connaître une vie de famille. Certes, mais j'aurais la liberté de connaître cette expérience unique de vivre à travers le Christ. Toutes les formes d'engagement, même les plus anodines, impliquent un renoncement qui libère. L'engagement n'est pas une question de privation de liberté, mais de choix. Qu'ai-je envie de vivre ? S'engager ne restreint pas la liberté, s'engager c'est pouvoir choisir un chemin et s'y tenir. Tout, en nous et à l'extérieur de nous, est marqué par l'imprévu, l'imperfection et le mal. C'est la conséquence de notre volonté libre qui s'est détournée de Dieu et dont nous souffrons les conséquences. S'engager, c'est rétablir un lien, une exigence, une régularité qui nous délivre du mal, c'est s'opposer aux conséquences du péché et de la division. On peut compter sur une parole donnée, quelles que soient les circonstances, sur un amour fidèle, quelles que soient les fautes commises. Notre capacité à nous engager « à faire quelque chose » ou « pour les autres » est un signe que nous ne sommes pas forcément solidaires de l'anarchie et de l'individualisme auxquels nous lie le péché. Nous sommes libres. Dieu a fait alliance avec nous, cela veut dire que nous sommes engagés avec lui. Le but de notre vie est de respecter cet engagement. Pour cela, il faut exercer notre liberté, comme un sportif exerce ses muscles afin de pouvoir choisir Dieu en toutes choses.

C'est le pape qui le dit

Il n'y a pas de plus grande liberté que de se laisser guider par l'Esprit, en renonçant à vouloir calculer et contrôler tout, et de permettre à l'Esprit de nous éclairer, de nous guider, de nous orienter, et de nous conduire là où il veut. Il sait bien ce dont nous avons besoin à chaque époque et à chaque instant.

La joie de l'Évangile, p. 158

Conseil # 4

Exerce-toi à la liberté ! Jésus nous veut libres. La liberté c'est de dire « oui » à ce qui nous rend meilleurs et « non » à ce qui nous éloigne de

Dieu. Compte le nombre de fois où tu dis « oui » alors que tu aurais été tenté de dire « non ». Ce oui ouvre la porte à la confiance et à l'amour. Fais la liste des engagements qui t'ont permis de te libérer.

Accepte le pardon

Pendant toute la période où je me drogue, je sais bien que Dieu me pardonne pour tout le mal que je fais aux gens qui m'entourent. Mais moi je ne suis pas encore capable de me pardonner pour la souffrance que j'ai infligée. Et c'est là aussi un chemin tumultueux : me pardonner pour m'engager dans ma liberté retrouvée.

S'engager c'est aussi se mettre dans une dynamique d'apprentissage, accepter de faire des erreurs, de se tromper, et surtout de ne pas baisser les bras. Car toute erreur est aussi l'occasion de tirer une leçon, de comprendre ce qui va et ce qui ne va pas, pour faire mieux la prochaine fois. Nous sommes tous en « apprentissage ». Toute notre vie nous apprenons de nos erreurs. Nous savons bien que nous avons tendance à choisir la facilité plutôt que l'exigence du bonheur. Or c'est précisément de notre engagement, que naît notre bonheur. Sans un minimum de continuité, d'engagement, de persévérance, qui sait si j'en serai là où j'en suis aujourd'hui : tous les artistes savent quel travail cela représente et quels sacrifices il faut consentir pour être prêt à monter sur scène. Tous ceux qui ont de l'ambition et qui travaillent à leur gloire personnelle s'engagent fortement vis-à-vis d'eux-mêmes. Ils sont exigeants avec eux-mêmes et savent tirer les leçons de leurs erreurs sans s'apitoyer. Nous qui voulons travailler pour la gloire de Dieu, nous devrions faire de même.

Ce qu'il y a de paradoxal dans mon expérience c'est d'avoir vécu si intensément mon engagement pendant mon adolescence et mon noviciat pour m'en éloigner autant par la suite. Au départ je n'osais pas témoigner de cela, je restais flou sur cette période, parce qu'on me disait : « C'est quand même fou d'être allé au Carmel et de t'être drogué après » ! Je ne voulais pas choquer les gens, mais finalement cela révèle quelque chose de crucial. Notre vie spirituelle n'est pas un long fleuve tranquille. Il y a des hauts et des bas. Après avoir vécu quelque chose de très fort spirituellement, on peut tout de même tomber dans les entrailles de l'Enfer. Cela m'a permis de redécouvrir la lumière du Christ avec davantage de maturité et de vérité et c'est ce qui m'a permis d'aller plus loin. Arriver à pardonner et à se pardonner c'est reculer pour prendre de l'élan et sauter encore plus loin. Il ne faut pas se priver du pardon à cause d'un sentiment de culpabilité ou de honte mal placé : revenir d'un éloignement peut faire germer des choses bien plus grandes. Le pape François nous invite à être confiants et à s'armer d'une « bienheureuse honte », la « vertu de l'humble » qui nous permet de nous reconnaître pécheurs. Entendons-nous bien, cela ne veut pas dire que je suis content de ce que j'ai fait mais quand on me demande : « Est-ce que tu regrettes ? », je réponds toujours que je ne regrette pas. Si c'était à refaire, je ne le referai pas et je réfléchirai mais je ne le regrette pas. C'est ce qui m'a permis de me construire et tous ces échecs-là font partie de mon histoire. Plus on touche à notre pauvreté et plus cela nous permet de nous abandonner, de faire confiance à Dieu et d'être de plus en plus à lui.

C'est la Bible qui le dit

Yavhé mène les pas de l'homme, ils sont fermes et sa marche lui plaît ; quand il tombe, il ne reste pas terrassé, car Yavhé le soutient par la main.

Psaumes 37, 23-24

Conseil # 5

Réconcilie-toi avec la confession ! Au départ, c'est vrai, avouons-le, ce n'est jamais une partie de plaisir. On traîne un peu les pieds pour y aller. Et finalement on en ressort toujours heureux. C'est un partage qui vient laver, qui vient purifier. On sait que l'on reçoit le pardon de Dieu, et l'on sait que l'on arrive petit à petit à se pardonner de nos mauvais choix et de nos mauvaises actions. Toutes ces petites choses qui noircissent le quotidien s'estompent et on apprend petit à petit à vivre en paix avec le mal que l'on nous a fait ou que l'on a fait. Le pardon ne signifie pas oublier ou effacer, c'est apprendre à vivre en paix avec ce que nous vivons. La confession est le lieu idéal pour se connaître, avancer et pouvoir ensuite prendre un engagement plus sûr et plus solide. Petite astuce simple et efficace : quand je me confesse, je prends rendez-vous avec le prêtre le mois d'après. Comme ça, je suis obligé d'y aller, c'est noté, je suis engagé ! Le moment venu, pas le temps de râler ou de se dégonfler, on nous attend !

Sois fidèle

Tout ce que je viens d'écrire est bien beau, mais cela reste très abstrait et difficile à mettre en pratique. Même si je sais intellectuellement que Jésus s'est fait homme pour mon salut, qu'il veut le meilleur pour moi et qu'il souhaite que je m'engage à sa suite ; cette vérité n'est pas vraiment sensible à mon cœur tout au long de la journée. Dès que j'aurais déposé ce livre, je vais être happé par la routine de ma vie, avec ses efforts et ses distractions, qui ne me distingue en rien des gens qui ne croient pas en Dieu. Au cœur du quotidien, c'est un vrai défi de rester fidèle, de garder à chaque instant confiance dans ma décision de donner ma vie à Dieu. Pourtant cette confiance vient de Dieu bien qu'on ne pense pas à lui à chaque seconde. Il sait où il nous mène. Il nous invite à nous laisser surprendre, à accepter de vivre d'abord nos petits engagements qui déboucheront sur des plus grands.

C'est en étant fidèle aux petits engagements du quotidien : venir à la réunion de préparation de confirmation/mariage/baptême/messe quelconque (rayer la mention inutile) alors qu'un super apéro s'est organisé entre-temps, penser à apporter le dessert comme on l'avait promis, rendre visite à sa grand-mère – que nous serons amenés à accomplir des projets plus ambitieux. Je vois plein de jeunes qui ont de grandes idées et des rêves fous. Ils ne pourront y accéder que s'ils restent fidèles aux petits engagements de leur vie de tous les jours.

Mon engagement dans la musique est ancien. Il remonte au jour où j'ai dit « oui » au prêtre qui me demandait de venir jouer pendant la messe du samedi soir. Pour la première fois quelqu'un compte sur moi et me valorise : plutôt crever que de le décevoir. Être fidèle à ce rendez-vous ne me coûte pas, au contraire, c'est l'une des rares choses qui me rende fier dans ma vie. Pour moi, la fidélité n'est pas simplement un principe à respecter, c'est ce pourquoi nous sommes faits, c'est la condition de l'amour du prochain.

On ne peut pas dire que je me sois bâti un plan de carrière en revenant dans l'Église. En abandonnant la drogue, je veux aussi arrêter la musique. Dans mon esprit, elle est en partie la cause des abysses que j'ai atteints. Je tourne brusquement la page mais je suis encore très fragile et je ne sais pas quoi faire de ma vie. Mon prêtre accompagnateur me propose d'être catéchiste. Je ne m'en sens pas vraiment digne, mais j'accepte. Pendant un an, je tiens bon dans cet engagement auprès de ces enfants qui ont besoin de moi. J'ai souvent envie de tout envoyer balader, mais je m'accroche. C'est par cette fidélité que je me reconstruis. Puis la Providence a pris le relais. Je pense que je gravis progressivement les échelons, parce que le Seigneur a vu que mon engagement est sincère et fiable. C'est ainsi que l'on peut aller plus loin. Aller vers ce plus loin auquel Dieu nous appelle. Cela ne veut pas forcément dire s'engouffrer, tête baissée, sur un chemin qui s'écarte de ce que nous sommes vraiment. Même si je travaille avec une grande maison de disques et que je gagne en notoriété, mon engagement n'a pas changé. Je ne peux pas dire que je suis un chanteur chrétien si rien dans mes actions ne le montre. Ce que je chante, le message que je souhaite transmettre doit être en cohérence avec la vie que je mène. Lorsque je dis dans ma chanson *Changer de vie* :

> Aime cette vie, réalise tes rêves,
> Elle est si belle, admire ses richesses
>
> Aime cette vie, protège son mystère
> Dépasse chacune de ses tristesses
>
> Aime cette vie, découvre Sa douceur,
> Cherche pour l'autre ce qu'il y a de meilleur

je ne peux pas faire le contraire dans ma vie, j'ai la responsabilité de vraiment chercher le meilleur pour l'autre... J'ai bien conscience que l'on sera, sur ce point-là, beaucoup plus exigeant avec moi qu'avec un autre artiste. Cela va de soi, c'est un choix que j'ai fait. Être chanteur, chrétien, engagé.

Il me vient à l'esprit l'image d'un père de famille qui est très engagé au sein d'une association d'aide aux familles en difficulté. Il prend du temps pour écouter des couples en détresse, pour trouver une solution au petit dernier qui a du mal à suivre à l'école, pour renouer le dialogue entre des parents dépassés et un ado en pleine révolte. Tout ce temps qu'il offre est évidemment une très bonne chose. Mais où est la cohérence s'il ne consacre pas autant de temps à sa propre famille ? S'il néglige d'aller chercher ses propres enfants à l'école, s'il n'est jamais là quand sa femme l'attend ? Voilà un engagement qui ne serait pas cohérent.

À chacun de trouver les petits gestes qui lui permettent de vivre de façon cohérente son engagement de chrétien. À la sortie de la messe, nourri par la Parole de Dieu, on devrait prendre quelques minutes pour parler avec ce SDF qu'on prend toujours soin d'esquiver.

C'est la Bible qui le dit

Que piété et fidélité ne te quittent !
Fixe-les à ton cou,
Inscris-les sur la tablette de ton cœur.
Tu trouveras ainsi faveur et réussite
Aux regards de Dieu et des hommes.
Repose-toi sur Yavhé de tout ton cœur,

Ne t'appuie pas sur ton propre entendement ;
En toutes les démarches, reconnais-le
Et il aplanira tes sentiers.

Proverbes 3, 3-6

Conseil # 6

Sois fidèle aux petites choses pour accéder aux plus grandes, aux plus grands rêves. Rien ne sert d'attendre d'être parfait, d'avoir trouvé LE projet. Le plus simple est de commencer par le commencement. Être cohérent avec ce que l'on proclame et le vivre le plus simplement possible.

Cultive la bienveillance

S'engager pour les autres, cela commence par l'écoute et l'observation. Tendre l'oreille à ceux que l'on n'entend pas assez, et porter son regard sur ceux que l'on ne voit pas assez. Avant de s'inquiéter des grandes causes, engageons-nous pour notre entourage proche, où il y a souvent beaucoup à faire, beaucoup de blessures à guérir ! Parfois, il semble plus facile de se vouer corps et âme pour une action lointaine que de faire attention à ce qu'il se passe sous ses yeux. Pourtant le règne de Dieu est au milieu de nous ! Jean le Baptiste avait mis ses interrogateurs sur la piste : « Il y a parmi vous quelqu'un que vous ne connaissez pas, ou que vous connaissez sans le reconnaître. » Jésus nous rappelle qu'il faut nous aimer les uns les autres et particulièrement être attentifs à ceux qui sont à côté de nous, tout proche. C'est, ce qui peut nous demander le plus d'énergie et le plus d'efforts.

Nous ne pouvons pas vivre que de nous-même ou qu'avec nous-même. Nous avons fondamentalement besoin de vivre la relation, et de prendre part à la vie qui nous entoure. La ligne de force de l'engagement, c'est dire à ce monde, au cœur de sa misère et de ses dérapages, « on est de la même famille », « j'ai soif de toi ». Comme on engage une conversation, la manière dont on engage le dialogue avec ce monde dit quelque chose de la Bonne Nouvelle. La conversation commence par un besoin de Dieu dans ce monde d'aujourd'hui et non pas l'inverse.

Le Royaume de Dieu ne se limite pas à une relation individuelle : c'est aussi un espace de fraternité. Saint Augustin l'exprime magnifiquement : « Aime ton prochain et prête attention à la source d'où jaillit ton amour pour lui. Autant que tu puisses le faire, c'est là que tu découvriras Dieu. » Personne ne s'élève tout seul, on a besoin de se nourrir des autres et de la continuité du lien. S'engager c'est donc accueillir l'autre tel qu'il est, ne pas en avoir peur, ne pas le juger. De là peuvent jaillir la confiance et l'amour. Cette dynamique de la confiance est aussi la dynamique de la foi chrétienne. Saint

Augustin disait encore : « Il n'y a pas deux amours, l'amour de Dieu et l'amour des autres, mais un seul et même amour ». De la même façon, il n'y a pas deux « foi »(s) : la foi en Dieu et la foi en l'homme, mais une même et unique foi. Nous croyons en un Dieu qui croit en l'homme.

Luc résume le message de Jésus aux apôtres : « Il y a plus de bonheur à donner qu'à recevoir » mais s'il y a plus de bonheur à donner qu'à recevoir, le plus grand bonheur que l'on puisse faire à autrui est lui permettre de donner.

Ne pas juger et être bienveillant c'est déjà s'engager, s'engager dans un acte d'amour.

Mon appel, notre appel, c'est de dire au monde d'aujourd'hui, « tu n'es plus seul », quels sont les moyens que je vais trouver pour dire à ceux qui meurent de solitude, « tu n'es plus seul » ? Que dire à ce monde pour dialoguer avec lui ?

Être bienveillant est un exercice qui est loin d'être facile, surtout dans notre société où nous sommes poussés à nous scruter les uns les autres. Il faut éduquer son regard et dépasser ses gênes et répulsions naturelles. Discuter avec un SDF alors que tous les sujets de conversations peuvent sembler superficiels, accepter d'être enlacé par un trisomique de 45 ans qui bave, aider à la toilette des malades à Lourdes, dont le corps est parfois difforme, c'est extrêmement dérangeant les premières fois. Il faut demander à Dieu de nous prêter son regard à ces moments-là et il faut se lancer...

Lorsque je donne des conférences auprès de collégiens, je m'amuse souvent à écouter les commentaires sur ma tête, mon attitude qui ne tardent pas à fuser quand j'arrive dans la salle. Ils ne sont pas toujours des plus aimables... préjugés quand tu nous tiens ! Je commence alors mon enseignement en leur posant la question : « Êtes-vous tolérants ? » La réponse est rapide et sans équivoque : « Bien sûr, que nous sommes tolérants ». Alors je leur réponds : « Mais pourtant vous ne pouvez pas vous empêcher de juger les personnes que vous rencontrez, moi par exemple, est-ce que cela relève de la tolérance pour vous ? » Je leur fais réfléchir là-dessus pour qu'ils se rendent compte qu'ils aimeraient être tolérants mais que ce n'est pas si simple que cela. Pourtant c'est le regard bienveillant que l'on va porter sur les autres qui va nous conduire à nous engager auprès d'eux. Pour Mère Teresa, le premier engagement était d'adresser un sourire. Un exercice simple, efficace mais pas si automatique.

Il en va de même pour une vie de couple, si on ne « s'oblige » pas à poser *a priori* un regard bienveillant sur sa femme ou sur son mari, l'engagement n'a aucun avenir. Le jugement et la critique risquent de prendre le dessus. Évidemment ce problème est récurrent dans les relations amicales et toutes les relations aux autres en général. S'il est normal de montrer le meilleur de soi au début d'une relation, il faut, pour qu'une relation grandisse, se montrer tel que l'on est avec ses faiblesses, avec ses limites, parce que si on n'aime que les qualités qu'on montre ou qu'on essaie de montrer, la relation est faussée. Être certain que l'on porte soi-même un regard bienveillant sur les autres et que les autres portent sur nous ce même regard rassure et libère. De là, peut naître l'engagement.

« Un chrétien est un cœur qui voit. » C'est une phrase de Benoît XVI que je garde en tête et qui m'a accompagné lors de mes deux voyages en Irak en 2015. Je suis parti à la rencontre de réfugiés chrétiens et yézidis qui ont fui Daesh.

J'ai vécu ces deux missions très différemment. La première fois, je ne savais pas du tout où j'allais, ni dans quelles conditions j'allais être accueilli dans les camps de réfugiés. J'avais peur de la différence culturelle et de mon incapacité à apporter quoi que ce soit à ces gens qui ont tant souffert... J'avais préconçu beaucoup de choses sur les relations que je m'apprêtais à avoir. Résultat, j'ai mis quelques jours à me décoincer et à être vrai. La seconde fois, je suis juste venu rencontrer des amis et des frères, certains que j'avais déjà rencontrés, d'autres non. J'ai chanté à nouveau pour eux, essayé d'aider comme je le pouvais, dans la simplicité de rapports très chaleureux et pas du tout asymétriques. Finalement j'avais mal jugé mes frères irakiens, j'avais sacralisé leur douleur et j'ai dû dépasser cela pour m'engager auprès d'eux comme j'aurai pu le faire auprès de frères et sœurs en France. Il ne suffit pas de porter ce regard de bienveillance sur ceux qui sont proches et familiers mais de l'étendre sur des personnes qui sont différentes.

C'est la Bible qui le dit

« Quel est le premier de tous les commandements ? » Jésus répondit : « Le premier c'est : écoute Israël, le Seigneur notre Dieu est l'unique Seigneur, et tu aimeras le Seigneur ton Dieu de tout ton cœur, de toute ton âme, de tout ton esprit et de toute ta force. Voici le second : Tu aimeras ton prochain comme toi-même. Il n'y a pas de commandement plus grand que ceux-là ? » Le scribe lui dit : « Fort bien, Maître, tu as eu raison de dire qu'il est unique et qu'il n'y en a pas d'autre que Lui ; l'aimer de tout son cœur, de toute son intelligence et de toute sa force, et aimer le prochain comme soi-même, vaut mieux que tous les holocaustes et tous les sacrifices. » Jésus, voyant qu'il avait fait une remarque pleine de bon sens, lui dit : « Tu n'es pas loin du Royaume de Dieu. »

Marc 12, 28-34

Conseil # 7

C'est toujours bien de parler d'amour, mais l'amour est très ambigu : c'est avant tout un amour de soi, narcissique que l'on projette. Ce que j'aime dans l'autre c'est ce que j'y vois de moi... Comment réagis-tu quand tu es avec tes copains, face à la différence ? Connais-tu des personnes qui souffrent d'exclusion ? Qu'est-ce qui te touche dans cette situation ? Est-ce que toi aussi, au milieu de tes amis, tu t'es déjà senti différent ? Et toi, quels sont les gens que tu es prêt à toucher, ou ceux que tu ne veux pas toucher ? Pourquoi ? Quel est le dialogue que le chrétien peut engager avec le monde ? Chaque action a pour origine un moment d'écoute.

Ne sois propriétaire de rien

Vivre de sa musique est un combat. Ma musique est un engagement.

Aujourd'hui, il est plus facile de demander de l'argent que de fédérer des personnes autour d'un projet, d'une conviction, d'un message. J'ai envie de faire un tour du monde : donnez sur KissKissBankBank ! Je veux faire de la photo sous-marine : donnez sur KissKissBankBank ! Moi ce qui me fait vivre, ce qui me donne envie de me lever le matin c'est de toucher un maximum de gens avec mes mélodies, mes textes, ma sensibilité, pour que ce monde soit plus fraternel. C'est ce qui m'a poussé à ne pas vouloir à tout prix trouver des financements pour me lancer et produire mon album. Bien au contraire, j'ai voulu tout donner, offrir autant que possible et que cela me soit rendu au centuple. De ce centuple-là, mon album pourrait naître. C'est le début, je fais des concerts gratuitement, je me débrouille pour payer mes musiciens. Je m'autofinance. Il est clair dans mon esprit que mon travail n'est pas de trouver des mécènes pour financer mon projet mais c'est de trouver des gens qui vont aimer ma musique et qui seront prêts à acheter des disques ou des places de concert. J'ai choisi de vivre très simplement, je ne touche aujourd'hui que les cachets de mes concerts et je consacre les revenus de mes autres activités au financement des projets. Voilà ma conviction et la force de mon engagement. La volonté de s'engager provient du plus profond de l'âme, des tripes, et puis ce sont les autres qui prennent le relais. Ils nous poussent à avancer, parce que nous leur avons donné le meilleur, parce qu'ils croient en nous.

Le monde de la musique est violent. Pour un projet qui aboutit, il y en a des dizaines qui ont avorté après des milliers d'heures de travail. On peut atteindre des sommets et les dégringoler quelques mois plus tard. Pour éviter une blessure trop profonde, il est nécessaire de placer son engagement et non sa personne au centre. Rien ne m'appartient.

Je l'ai appris dans la douleur. Alors que j'avais commencé un projet auquel je tenais vraiment, j'en ai été écarté, parce que l'on a estimé qu'une autre personne le porterait mieux que moi. J'ai d'abord été furieux contre cette décision. J'ai voulu crier sur tous les toits que sans moi rien n'était possible. Pourtant, personne n'est indispensable. Alors j'ai fini par comprendre que le plus important réside dans le projet lui-même. Que celui-ci se réalise, que les idées soient exprimées, que des cœurs soient touchés, des âmes emportées. Avec ou sans moi sur scène.

Moralité de l'histoire : nos engagements évoluent. Il faut évoluer avec eux.

C'est la Bible que le dit

Pierre se mit à lui dire : « Voici que nous, nous avons tout laissé et nous t'avons suivi. » Jésus déclara : « En vérité, je vous le dis, nul n'aura laissé maison, frères, sœurs, mère, père, enfants ou champs à cause de moi et à cause de l'Évangile, qui ne reçoive le centuple dès maintenant, au temps présent, en maison, frères, sœurs, mères, enfants et champs, avec des persécutions, et, dans le monde à venir, la vie éternelle. Beaucoup de premiers seront derniers et les derniers seront premiers. »

Marc 10, 28-31

Conseil # 8

Ne cherche pas à te mettre en avant, ne crois pas que tu es indispensable, ne cherche pas à t'accomplir à travers tes engagements. Engage-toi pour que le but de ton engagement soit atteint. Tu ressortiras grandi si l'objet de ton engagement est réalisé, beaucoup moins si tu te sers de ton engagement pour exister.

Refuse l'aveuglement

La musique est au cœur de ma vie, de mes engagements, de ce que je suis devenu. Et pourtant à un moment donné j'ai dû me résoudre à le suspendre parce qu'il me faisait plus de mal que de bien.

Alors que je suis à la dérive après mon départ du Carmel, j'arpente les soirées toulousaines, je chante dans les bars les plus branchés. Au début des années 2000, Toulouse est la ville la plus fêtarde de France, je me mets à très bien gagner ma vie. Je passe une bonne partie de mes nuits en boîte. Certains envient mon succès, les propositions que je reçois des maisons de disques... jusqu'à ce que cela dérape. Les fêtes que j'enchaîne ne ressemblent pas à la vie que je veux mener. Je m'égare dans une fuite où les paradis artificiels précèdent les *bad trips*. Je ne vis qu'à la surface de moi-même pour ne pas voir la souffrance au fonds. Mais, comme je l'ai raconté, la grâce de Dieu m'a rattrapé. Je ressens au plus profond de moi le besoin vital d'une rupture. Tout arrêter pour me purifier de cette activité de chanteur qui me conduit au désespoir. Pendant quatre ans, c'est une véritable ascèse, je ne touche plus une guitare.

Rompre un engagement n'est pas facile mais il est primordial de sortir de son aveuglement pour pouvoir discerner si celui-ci est valable. Quelques années plus tard, j'arrive à Paris et je commence à me faire connaître dans le petit milieu de la musique chrétienne. J'ai la foi, je la proclame en chantant et on vient à moi pour cela. On me propose d'accompagner des célébrités dans leur préparation au mariage ou pour le baptême de leurs enfants. Je me retrouve à animer des mariages people alors que c'est justement un milieu que j'avais volontairement fui. Je retrouve ma tête dans *Public* ou *Gala* où on me surnomme « le Chouchou des stars ». Ce statut-là, je n'en veux pas. Je le sais. Je prends de la distance. Peut-être que ma vie aurait été tout autre, plus facile, si j'avais accepté de suivre cette voie. Mes erreurs du passé m'ont aidé à m'éloigner de ce genre de tentations. Une des façons les plus simples de ne pas céder à la tentation de la facilité, c'est de l'éviter, de s'en éloigner quand elle s'approche. Pour ma part la célébrité n'a jamais été un but. Bien au contraire. De mon temps au Carmel, je garde ce désir de rester caché. La célébrité n'est pas un but dans ma vie, pas plus que l'argent d'ailleurs. Et si je suis exposé autant que cela soit pour des choses qui en valent la peine. Si la notoriété et la reconnaissance ne sont pas le but d'une vie, elles peuvent en revanche, en s'engageant, devenir un moyen de soutenir une cause.

C'est la Bible qui le dit

Si tu fais un vœu à Dieu, ne tarde pas à l'accomplir, car Dieu n'aime pas les insensés. Ton vœu, accomplis-le. Et mieux vaut ne pas faire de vœu que d'en faire un sans l'accomplir. Ne laisse pas ta bouche faire de toi un pécheur. Et ne va pas dire au Messager que c'était par inadvertance : pourquoi donner à Dieu l'occasion de s'irriter de tes propos et de ruiner l'œuvre de tes mains ?

Qohélet 5, 3-5

Conseil # 9

Se connaître, savoir s'écouter, ne pas se laisser entraîner sur un chemin qui n'est pas le sien. Dire oui ou non au bon moment : telle est la clé ! Souvent, nous nous mentons à nous-même. Nous savons bien ce qui peut nous faire déraper. Plutôt que d'éviter ces situations, nous préparons intérieurement les arguments qui permettent de nous justifier auprès de notre conscience. « Je saurais m'arrêter à temps. » Sache reconnaître tes situations à risque et évite-les. Il faut s'entraîner à transformer en soi la frustration du « je vais peut-être rater quelque chose » en un sentiment de confiance « je réussirais autrement ». En plus, l'expérience prouve que les succès issus de compromissions ne durent pas. Très difficile de se faire respecter quand on a accepté un premier reniement... Exerce ta prudence !

Éprouve le temps

Nous sommes de la génération de la rapidité et de l'instantanéité. Lorsque des migrants sont aux portes de l'Europe, en quelques heures des centaines de #welcomemigrants se propagent sur les réseaux sociaux. Des initiatives pour les accueillir et leur venir en aide sont mises en place. Quelques mois après cela, que reste-t-il de cet engagement spontané ? L'engagement doit-il nécessairement naître de la contestation et du bruit qu'elle engendre ? C'est ce qui semble être devenu la norme dans notre société où tout le monde est appelé à inscrire sa parole, sa colère, ses refus, ses désirs. Le monde aime le bruit, les images et les entretient. Tout un chacun peut prendre la parole mais y a-t-il quelqu'un pour écouter cette parole ? L'engagement passe de plus en plus par la contestation. « S'indigner » est d'ailleurs devenu très tendance. De nombreuses indignations et contestations rejettent les formes d'organisations existantes et se définissent par une certaine pensée antisystème, comme si, pour régler vraiment nos problèmes de société, tout était à jeter, et à refaire. S'engager caractérise-t-il ce moment où l'on cesse de subir une situation et qu'on décide de se donner les moyens de réagir ? Le déclic de l'engagement surgit-il seulement au dernier moment, lorsque le mal est déjà fait, et avant qu'il soit trop tard ? S'engager signifierait ainsi passer de la soumission à l'action. Faut-il pour autant attendre que le sentiment d'exaspération soit très intense pour s'engager ? À ce moment-là, notre cœur n'est-il pas déjà encombré de nombreuses protestations ? Est-ce la meilleure forme d'engagement ? La plus utile, la plus fertile ? L'engagement, pour moi, ne peut pas se vivre uniquement sur le mode protestataire, car si on décide de s'engager à ce maillon de la chaîne on s'expose au risque de radicalisation : c'est ce qui se passe lorsque la contestation, le ras-le-bol, prend soudainement la forme d'émeutes, de séquestration, de dégradation, de transgression de la loi, de désobéissance civile, de boycott... En définitive, toutes ces revendications sont, malgré les apparences, très consensuelles. L'engagement peut et doit passer par des petites choses, par de l'aide, du temps consacré. Notre objectif derrière l'engagement n'est pas de changer le monde mais de mettre l'amour dans le cœur des hommes et au centre de leurs relations. Et nous ne pouvons pas apporter toutes les réponses avant d'avoir écouté toutes les questions. Nous ne pouvons pas non plus écouter seulement les questions pour lesquelles nous avons des réponses. Le dialogue à vivre est d'ailleurs au-delà du rapport entre questions et réponses.

Dans ce contexte, s'engager signifie-t-il réagir (plus ou moins brutalement) à ce qui nous touche ? L'engagement commence-t-il au moment où notre émotion prend le pas sur notre raison ? Prenons l'exemple des SDF : chacun de nous passe au moins une fois par jour devant l'un d'entre eux. Même si cela ne nous enthousiasme pas d'être témoins de cette pauvreté, nous ne ressentons pas forcément l'appel à lui venir en aide ici et maintenant. En revanche, la médiatisation de la mort de plusieurs SDF lors des premières vagues de grand froid, peut réveiller chez plusieurs d'entre nous, la conscience de devoir agir. Ou plutôt réagir. Et c'est souvent à ces occasions que se pose la question de l'engagement. Comment l'émotion et la raison interagissent-elles dans la prise de décision ? C'est très honorable de décider de s'engager après avoir été touché par une situation ou par une personne. Mais lorsque c'est guidé par notre affect que l'on choisit d'agir nous ne pouvons pas le déconnecter de notre raison. Aimer ne signifie pas simplement « je sens que j'aime », mais « je veux aimer entièrement ». Il y a à la fois le désir d'agir et la liberté d'agir. L'exemple avec le SDF le montre : la parole du désir c'est l'élan du cœur généreux. Qui peut être indifférent ?

L'élan, la pulsion, l'immédiateté fait se succéder constamment de nouvelles choses là où l'engagement appelle à la continuité et à la persévérance. Il est tentant de passer d'une chose à l'autre, mais la persévérance porte ses fruits.

En me laissant guider par Dieu, il m'a conduit là où je n'aurais jamais cru aller.

J'ai commencé la guitare à l'âge de douze ans, j'aurais pu m'arrêter, me décourager, trouver que savoir jouer de la batterie était quand même beaucoup plus cool, que le son de la trompette pouvait m'ouvrir les voies du jazz, ou même décréter que ma nouvelle passion serait le saut à l'élastique, le minigolf ou le tennis. Non, je me suis fixé une discipline pour travailler patiemment mon instrument. Cela n'a pas toujours été facile. Souvent, j'ai voulu abandonner, abattu par ce travail de longue haleine qu'imposent le chant et la musique. Je me suis accroché et c'est ce qui me permet aujourd'hui de vivre de ce que j'aime lorsque je joue, lorsque je chante. Quand je me suis lancé dans la musique chrétienne, il était inconcevable que je rencontre le succès et encore moins que j'en vive. J'ai fait ce choix à un moment où je n'avais aucune ressource et contre l'avis de ma famille, pourtant il m'a mené bien plus loin que je ne pouvais l'imaginer.

Tout est une question de temps ! Vivre l'instant présent en paix avec son passé et serein pour l'avenir. L'engagement implique de tenir sur la durée, dans un monde de changements brutaux et nombreux. C'est cette conscience de la course du temps qui en décourage plus d'un. Vivre le temps présent (qui diffère de l'instantanéité) ne s'oppose pas à l'engagement dans la durée. Bien au contraire cela permet d'être présent dans l'instant, disponible pour ce que l'on fait ou à celui à qui on parle. C'est cette qualité d'échange qui donne envie de plus, de recommencer et donc de s'engager plus longtemps. Tout temps donné à l'autre est un temps reçu. Comme un don fait à l'autre qui revient nous nourrir.

C'est la Bible qui le dit

Mais celui qui aura tenu bon jusqu'au bout, celui-là sera sauvé.

Évangile de Matthieu 24, 13

Conseil # 10

Que je le veuille ou non, sans l'avoir mérité, je suis aimé immensément et d'un amour éternel, celui de Dieu. Dieu me demande d'avoir confiance et de compter sur sa fidélité mais je ne sais pas si je suis prêt à cela. L'engagement implique une nécessaire espérance, une implication sur la durée qui s'émancipe de la seule recherche immédiate du résultat. Persévère mais libère-toi de l'idée du poids et du fardeau que l'on a tendance à associer au concept de persévérance.

Accepte la Providence

Et Dieu dans tout cela ? C'est grâce à lui que je me suis remis à la musique. Lorsque je décide d'arrêter la musique, j'accepte un engagement pastoral. Ma mission se termine et je ne sais pas de quoi mon lendemain sera fait. Je décide de passer un mois à Lisieux en tant que bénévole. Je fais visiter la basilique. J'y croise une laïque consacrée, je reconnais sa croix qui m'indique qu'elle appartient à la communauté du Verbe de Vie, cette même communauté que j'avais l'habitude de fréquenter quand j'étais plus jeune. J'y avais rencontré sœur Lætitia qui avait été pour moi une vraie amie. Cela fait bien longtemps que je n'ai pas de ces nouvelles. Je profite donc de la rencontre avec cette laïque de la communauté pour faire passer à sœur Lætitia un cadeau, un calendrier de Lisieux. Je m'attends à recevoir une petite carte de remerciement où elle me raconterait les dernières nouvelles de la communauté, où elle s'enquerrait de ma santé. Rien de tout cela. Mon séjour se termine. Je dois partir le lendemain. Je prie encore et toujours pour demander au Seigneur ce qu'il attend de moi. Ne voyant rien venir, je désespère. Je ne vois aucune réponse se profiler à l'horizon. Ce mois passé à Lisieux aura été caduc, sans révélation. Mon téléphone sonne. Sœur Lætitia me remercie et sa proposition ne tarde pas à venir : « J'étais en train de prier, je cherchais quelqu'un qui pourrait composer et chanter avec moi sur un album qui reprendrait les poèmes de sainte Thérèse. Est-ce que tu serais partant pour vivre cette aventure avec moi ? » Je ne vois pas tout de suite dans cet appel une réponse aux questions que je me posais depuis des mois. Pourtant c'est ce qui va marquer le début de mon engagement. Je ne décèle pas non plus tout de suite l'action providentielle. Après ce mois passé à réfléchir au sens à donner à ma vie, je reçois cette réponse toute simple sans prétention : celle de poser ma voix sur un CD. Accepter cette proposition m'amène à entamer une tournée en minibus sur les routes de France, mais surtout à comprendre ce que Dieu souhaite pour moi. Servir l'Église avec ma musique.

Thérèse prend depuis longtemps une place importante dans ma vie. Elle a été présente aux moments charnières de mon existence. J'ai retrouvé la foi grâce aux poèmes de sainte Thérèse chantés par Pierre Éliane, que j'apprenais par cœur et que je chantais dans mes prières. C'est toujours elle, avec ses poèmes, qui m'a redonné le goût à la musique que j'avais perdu. Et c'est encore elle qui a insufflé une tout autre dimension à ma carrière en faisant éclore le projet *Thérèse, Vivre d'amour*. Ce sont trois étapes clés de ma vie de chrétien et d'artiste, elles sont toutes les trois marquées par la Providence et par Thérèse.

C'est la Bible qui le dit

Yahvé fit qu'il y eut un grand poisson pour engloutir Jonas. Jonas demeura dans les entrailles du poisson trois jours et trois nuits. Des entrailles du poisson, il pria Yahvé, son Dieu. Il dit : De la détresse où j'étais, j'ai crié vers

Yahvé, et il m'a répondu ; du sein du shéol, j'ai appelé, tu as entendu ma voix.

Tu m'avais jeté dans les profondeurs, au cœur de la mer, et le flot m'environnait. Toutes tes vagues et tes lames ont passé sur moi.

Et moi je disais : Je suis rejeté de devant tes yeux. Pourtant je continue de regarder vers ton saint Temple !

Les eaux m'avaient environné jusqu'à la gorge, l'abîme me cernait. L'algue était enroulée autour de ma tête. À la racine des montagnes j'étais descendu, en un pays dont les verrous étaient tirés sur moi pour toujours. Mais de la fosse tu as fait remonter ma vie, Yahvé, mon Dieu. Tandis qu'en moi mon âme défaillait, je me suis souvenu de Yahvé, et ma prière est allée jusqu'à toi en ton saint Temple.

Ceux qui servent des vanités trompeuses, c'est leur grâce qu'ils abandonnent.

Moi, aux accents de la louange, je t'offrirai des sacrifices. Le vœu que j'ai fait, je l'accomplirai. De Yahvé vient le salut.

Yahvé commanda au poisson, qui vomit Jonas sur le rivage.

Jonas 2, 1-11

Conseil # 11

Accepte de faire confiance, laisse-toi guider, laisse-toi surprendre ! Un seul « oui » peut changer toute une vie.

Change ta vie

Deux voyages ont bouleversé ma vie.

Le premier est un voyage qui m'a mené en enfer sur terre, à Crackland – le pays du crack. C'est un quartier de Sao Paolo, une zone de non-droit, où des hommes et des femmes assis dans les rues, les uns sur les autres, fument du crack toute la journée, où des femmes se prostituent pour se payer leur drogue, où des enfants abandonnés errent sans but. Se frayer un chemin y est quasi impossible. Ces visages vides et détruits que j'ai croisés m'ont marqué à tout jamais : la détresse matérielle, physique et psychologique est insoutenable. Ils perdent petit à petit leur humanité, sans bruit. Ils se consument doucement. Au milieu d'eux, vit depuis quatorze ans une communauté nouvelle qui rassemble huit cents frères et sœurs au Brésil. C'est pour répondre à leur invitation que je suis allé chanter au milieu de Crackland. Cette rencontre m'a fait l'effet d'un électrochoc. De la misère peut naître la générosité. De la détresse, la foi. Ces Brésiliens se mettent à la disposition de ces êtres pour les aider à mieux vivre, à se reconstruire en dehors de la drogue et de la prostitution. Leurs visages jeunes et rayonnants se mêlent à ceux ravagés par le désespoir, comme un rayon de soleil traversant un nuage de poussière. Ils vivent aussi pauvrement qu'eux, dans leurs quartiers et leur donne tout ce qu'ils possèdent. Des grands baraqués prennent dans leurs bras ces gens que la vie a rendus si fragiles et leur redonnent une petite lueur d'espoir.

Il y a surtout eu ce moment intense où nous avons tous ensemble célébré l'Eucharistie. Certains se sont associés à notre célébration. Une personne qui était avec moi a demandé : « Comment annoncer le Christ au milieu de cette pauvreté ? » On n'annonce pas le Christ, il faut que l'on soit le Christ au milieu d'eux, on n'a pas d'autre choix que d'être des exemples pour les amener vers le haut.

Le deuxième voyage qui m'a marqué est celui qui m'a conduit jusqu'en Irak. Il y a deux ans, en lisant les journaux, confronté à l'actualité brutale de l'invasion de l'État islamique, je me demande : « Et moi, qu'est-ce que je peux faire ? » J'aurais pu prendre mon plus beau stylo et signer un chèque mais j'ai l'envie de m'engager plus concrètement. Je me sens d'abord un peu démuni, je me rends compte que je n'ai pas grand-chose à donner. Je contacte l'association Fraternité en Irak, qui semble, après quelques recherches faites sur Internet, répondre à mes attentes en termes d'engagement. Je suis attiré par l'idée d'aller vivre parmi les réfugiés Irakiens, et pas seulement des chrétiens mais parmi des populations de toutes confessions confondues regroupant toutes les minorités persécutées, étudier leur besoin et récolter ensuite des fonds en France pour les aider au mieux. Je me propose de partir, tel que je suis, à leur rencontre et de chanter pour eux. Accompagné d'autres jeunes, un projet de tournée va naître. La journée, j'aide comme tous les volontaires à vider des camions, à apporter des vivres et le soir je donne des concerts pour les réfugiés. Ce sont des instants très forts : on ne partage pas la même langue, ils ne comprennent pas ce que je dis, mais à travers la musique on arrive à échanger quelque chose de bien plus intense. Je comprends à ce moment-là mon engagement de chanteur : la musique c'est bien au-delà des mots, c'est une émotion qui est transmise à travers une mélodie, à travers ce que je suis et ce que j'exprime. Alors que je les accompagne dans des situations difficiles, je suis frappé par ces moments de joie que l'on partage. C'est je crois, l'engagement le plus fort de ma vie. Il me révèle qui je suis et je trouve cela incroyable.

Ces voyages changent mon regard sur le monde et mon engagement au monde. On a parfois trop tendance à vouloir plaquer notre vision française au reste du monde et ce n'est pas la réalité. Si on essaie de comprendre l'Irak avec notre regard français, on ne le comprend pas. Si on essaie de comprendre l'islam avec notre regard chrétien, on ne peut pas comprendre. Ce sont deux réalités qui ne sont pas comparables. Il faut absolument qu'on arrive à changer nos regards et à se défaire de nos codes pour pouvoir aimer l'autre tel qu'il est vraiment et pas tel qu'on l'imagine.

Ces engagements me procurent une joie immense. Le fait d'aider, d'être utile, d'agir pour le bien, va susciter quelque chose de très positif en nous et révéler le meilleur de nous-mêmes. Et je crois qu'on en a tous besoin. Si l'on fait son examen de conscience, l'inventaire de tous ces petits riens que l'on grappille tout au long de notre engagement : des sourires, des mains tendues, une reconnaissance nous rappellent toute la beauté qui jalonne l'humanité et que l'on a trop souvent tendance à oublier. Je crois que ce qui est le plus difficile à faire quand on est jeune, c'est de croire en ses petits talents.

Les livres, la musique, les voyages t'ouvrent sur le monde et te permettent d'enrichir ta compréhension du réel. On n'a pas tous besoin d'être chanteur pour s'engager. La plupart du temps, deux jambes, deux bras, une écoute attentive, un regard bienveillant suffisent.

C'est la Bible qui le dit

Le Royaume des Cieux est semblable à un grain sénevé qu'un homme a pris et semé dans son champ. C'est bien la plus petite de toutes les graines, mais, quand il a poussé, c'est la plus grande des plantes potagères, qui devient même un arbre, au point que les oiseaux du ciel viennent s'abriter dans ses branches.

Évangile de Matthieu 13, 31-32

Conseil # 12

Sache trouver ta place ! On n'est pas tous appelés à donner des mille et des cents pour sauver la planète de tous ses malheurs, on n'est pas non plus tous appelés à s'embarquer à l'autre bout du monde. Il y a des pauvretés à soulager ici, à la portée de n'importe qui. Si tout le monde donne de l'argent, mais qu'il n'y a personne pour agir, alors ça ne sert à rien. Et vice versa. Je crois que c'est à chacun, selon la période de sa vie, de trouver sa place : un jeune ne va pas forcément avoir beaucoup de moyens, son action sera donc plus concrète. Il aura plus d'énergie et de temps à consacrer à son engagement qu'une personne enrôlée dans la vie active qui, elle, apportera sans doute plus facilement un soutien financier.

Cherche tes frères

Le premier à avoir cru dans ma démarche artistique est un protestant évangélique, Jonathan Boulet. C'est lui qui a signé mon deuxième disque solo et qui m'a ouvert pour la première fois les portes d'un label musical : Première Partie. Cette entreprise a pour vocation de rendre la spiritualité chrétienne accessible au grand public. Cette rencontre a débouché sur une véritable amitié avec Jonathan qui a cru en moi et a compris mon engagement pour parler du Christ, au-delà des différences de chapelles.

Depuis le début, j'ai travaillé avec de nombreux musiciens qui m'ont accompagné sur scène. Beaucoup d'entre eux sont des protestants évangéliques parce que la musique et la louange sont plus ancrées dans leur manière de prier et de vivre leur foi. Ces musiciens ont vraiment choisi de faire de la musique chrétienne, ils se mettent au service de communautés pour conduire la louange et ils atteignent souvent un excellent niveau artistique. Juste avant de me lancer dans le projet *Thérèse, vivre d'Amour* en 2012, je tournais avec un groupe composé de quatre évangéliques. Je me souviens leur avoir posé la question de savoir si cela ne les dérangeait pas que je prenne cette voie, puisque les protestants refusent la dévotion aux saints. L'un d'entre eux ne m'a pas répondu tout de suite. Il a voulu prendre le temps de découvrir l'œuvre de sainte Thérèse. Finalement, il a accepté en me disant : « Je suis en parfait accord avec ce que dit Thérèse, pour cette raison je te suis ! » L'engagement réfléchi et assumé de mon musicien m'a poussé à me poser moi-même la question : est-ce que j'aurais pu prendre la même décision à leur égard ? Pour être tout à fait honnête, je crois qu'à ce moment-là, je n'en aurai pas été capable. J'ai depuis fait la rencontre de pasteurs extraordinaires comme Carlos Payan ou Éric Célérier en qui j'ai reconnu des frères dans l'attachement au Christ. L'Esprit Saint souffle sur leurs ministères d'une manière nouvelle qui devrait nous inspirer au sein de l'Église catholique. J'admire leur fidélité au magistère de la Parole de Dieu et la foi qu'ils ont dans l'efficacité de la prière. Nos frères évangéliques forment des communautés joyeuses dans lesquelles l'engagement n'est pas un vain mot. À partir du moment où un jeune évangélique a choisi de donner sa vie à Jésus, il va organiser concrètement sa vie personnelle et professionnelle afin de suivre la volonté de Dieu et répandre sa Parole. Beaucoup d'entre eux choisissent des métiers qui vont leur permettre de répondre à cet engagement. Ils sont particulièrement brillants dans les métiers créatifs – musiciens, techniciens du son et de la vidéo, graphistes, etc. – car c'est une manière pour eux de célébrer la gloire de Dieu. Par ailleurs, ils donnent sans compter de leur temps à leur église pour animer sa vie tout au long de la semaine. Ce ne sont pas que des pratiquants du dimanche ! Depuis quatre ans, j'ai été régulièrement invité à chanter lors de grands événements évangéliques au cours desquels j'ai pu échanger avec d'éminents serviteurs de Dieu comme Bill Johnson, Heidi Baker ou encore Jean-Luc Trachsel qui est devenu un ami. Ils m'ont vraiment appris à ouvrir mon esprit. Nous communions dans la prière et l'amour de Dieu. Je suis vraiment heureux de participer à ces rassemblements, même s'ils ne correspondent pas forcément à ma manière de prier, mais je constate que le Christ est toujours au centre et c'est ce qui me paraît essentiel. J'essaye le plus possible de rendre ma musique accessible à la communauté protestante et évangélique et de faire des choix artistiques, musicaux et de textes qui soient en accord avec cette volonté. Je considère qu'il y a tellement de points sur lesquels nous sommes d'accord, sur les fondements même de notre théologie, que ce n'est pas la peine de mettre l'accent sur ce qui nous divise. Cela ne m'empêche pas de continuer à parler des sacrements, de la communion des saints et de ma fidélité au pape, qui me tiennent à cœur mais je fais toujours attention à aborder avec respect ces thèmes sur lesquels nous avons des divergences. De là peuvent naître beaucoup de belles discussions. Et plutôt que d'essayer de nous « convertir » mutuellement, éclatent des discussions théologiques et bibliques extrêmement enrichissantes. Confronter nos interprétations, parfois différentes, d'un texte, nous fait prendre conscience qu'il faut aller creuser plus loin pour aller en chercher l'essence. C'est l'une des choses qui m'a poussé à ouvrir ma Bible plus souvent. C'est d'ailleurs un point d'incompréhension de la part des protestants : pourquoi ne pas aller plus souvent chercher dans la Bible, alors qu'elle contient la Vérité ? On ne puise pas suffisamment au cœur de notre foi et dans cette parole que nous considérons comme la parole de Dieu. Ces échanges avec les protestants ont davantage suscité en moi cette envie de creuser encore plus, d'approfondir ma propre foi, plutôt que de me replier dans mes retranchements.

Je suis très attaché à ce verset : « On vous reconnaîtra à l'amour que vous aurez les uns pour les autres. » Heureusement, cette phrase ne se termine pas par : « vous qui avez les mêmes idées. » Non ! Le Christ reste l'essence. « On vous reconnaîtra à l'amour que vous aurez les uns pour les autres » vous qui êtes attachés au Christ. Si je suis dans une communauté où il n'y a pas de surinterprétation de la parole, et qu'au contraire il y a une volonté d'aller au plus profond de celle-ci, alors on ne peut qu'être d'accord, se comprendre, partager parce que c'est du même Christ que nous parlons. Je souffre des oppositions fermes, celles qui ne cherchent même pas à comprendre, qui condamnent sans même avoir pris le temps de connaître. Je ne le dirai jamais assez, et tant pis si je me répète : chercher à comprendre l'autre, l'aimer tel qu'il est, c'est la clé de l'engagement les uns auprès des autres.

L'unité des chrétiens est l'un de mes combats. C'est pourquoi, lorsque Jonathan a proposé que mon associé et moi reprenions sa maison d'édition, qui a une vocation œcuménique, j'ai tout de suite été enthousiasmé par cette idée. Dans l'équipe de Première Partie, il y a une éditrice protestante et une éditrice catholique qui ont chacune leurs projets mais qui se rejoignent toujours pour mettre en lumière l'unité des Chrétiens. Elles travaillent dans un respect mutuel, dans un désir de dialogue et d'échange. Nous évitons de publier des livres autour de sujets sur lesquels nous sommes réellement en désaccord. La question qui sème la discorde est pour moi la suivante : est-ce qu'on est sauvé seul par la grâce ou est-ce que ce sont les actes qui nous sauvent ? J'aime à rappeler aux catholiques que c'est la Grâce de Dieu qui nous sauve et j'aime à rappeler aux protestants que, sans nos actes, notre foi est vaine et l'épître de saint Jacques reprend cette idée. Trouver un équilibre est possible, confronter les points de vue, se remettre en question permet d'aller plus loin. Dieu nous y pousse. Il existe tellement de sujets sur lesquels nous pouvons construire ensemble un dialogue et une réflexion, qu'il serait dommage de s'en priver !

Je suis intimement persuadé qu'il existe des ponts entre nos différences et il ne faut pas avoir peur de s'y engager !

C'est le pape qui le dit

Nous devons toujours nous rappeler que nous sommes pèlerins, et que nous pérégrinons ensemble. Pour cela il faut confier son cœur au compagnon de route sans méfiance, sans méfiance, et viser avant tout ce que nous cherchons : la paix dans le visage de l'unique Dieu. Se confier à l'autre est quelque chose d'artisanal ; la paix est artisanale. Jésus nous a dit : « Heureux les artisans de paix ! » (Mt 5, 9). Dans cet engagement, s'accomplit aussi entre nous l'ancienne prophétie : « De leurs épées ils forgeront des socs » (Is 2, 4).

La joie de l'Évangile, 244

Conseil # 13

La différence est une chance. Cultivons-la. La différence enrichit. Elle permet de nourrir sa foi. Elle permet de se questionner et d'avancer.

Donne-toi

« Ne rentrez pas chez vous comme avant. » S'engager, recevoir, transmettre. Un autre trio gagnant. En tant qu'artiste je suis amené à annoncer : l'espérance et le bonheur qui se logent au fond de mon cœur. Le missionnaire, lorsqu'il arrive quelque part, avant toute chose apprend la langue du pays. J'ai appris le langage de la musique, et je parle à ceux que la musique intéresse, interpelle et fait vivre. Je crois que la musique a cela de magique : elle parvient à toucher les jeunes et les vieux, les hommes et les femmes, les riches et les pauvres. La musique est un réconfort. La musique exprime la joie, la tristesse, l'amour, la peur, l'espérance... la musique est au cœur de notre monde.

« Le seul bonheur qu'on a vient du bonheur qu'on donne », dit-on. Le tout est de trouver comment donner. La jeunesse marque le moment où l'on se construit, à l'échelle d'un individu comme à l'échelle d'une génération dans son ensemble ; et il est naturel qu'on ne se construise pas seulement en demeurant dans les cadres hérités des générations précédentes. Il appartient aux jeunes d'inventer eux-mêmes les formes qu'ils veulent donner à leurs engagements : largement marquées par le numérique, ces formes sont aujourd'hui plus souples, plus éphémères, moins hiérarchisées qu'elles ont pu l'être par le passé. Une rupture entre la jeunesse et les cadres de la vie de l'Église serait cependant dangereuse pour l'avenir de nos paroisses et de notre engagement de chrétien. L'idée est de créer ou de favoriser la création d'espaces nouveaux dans lesquels la jeunesse serait en mesure de faire entendre sa voix, non seulement à elle-même mais à l'ensemble de la communauté ecclésiale. Pour cela, explorer un grand nombre de pistes pour encourager et valoriser l'engagement des jeunes. Il ne s'agit pas d'exiger davantage des jeunes que de leurs aînés. Les jeunes n'ont pas de « preuves à donner » de leur attachement à l'Église, mais il s'agit au contraire de montrer que les jeunes font totalement partie de cette Église et qu'à ce titre ils ont leur mot à dire sur son destin.

Nous devons nourrir un regard d'espérance sur la jeune génération. La critique des nouvelles générations est de tous les temps, aussi vieille que l'humanité. Changeons nos yeux. Un regard d'espérance sur les jeunes ne supprime pas l'exigence de la loi qui permet la croissance, mais il lui donne un sens. Un regard d'espérance n'enferme jamais un jeune dans son histoire ou son comportement passé ou actuel. Un regard d'espérance permet de rebondir, de tirer leçon de l'échec et de l'erreur, ouvre sans cesse devant tous et chacun un espace de confiance.

Je considère depuis le départ que plus on sera nombreux sur la scène chrétienne, plus on proposera des univers et des projets différents, plus la musique chrétienne se développera. Si un seul style musical garde le monopole, alors tous ceux qui n'aiment pas ce genre ne seront jamais touchés. J'ai essayé, en créant un label de musique chrétienne, en invitant de nombreux artistes dans des lieux publics, à l'Olympia ou sur d'autres scènes, en produisant une émission de télé sur KTO et RCF pour mettre en avant des artistes chrétiens ou non, de donner de la visibilité et surtout de me servir de ce qui m'a été donné et de le rendre à d'autres.

Un des reproches qui m'est souvent fait par des gens qui ne connaissent pas le système, c'est de dire que les grosses maisons de disques ont vu un filon qu'ils veulent exploiter pour se faire du fric sur le dos des chrétiens. Tout le paradoxe de l'Église est là : lorsqu'elle n'est pas représentée dans les médias on rêve de l'y voir et le jour où on a cette visibilité, on la critique. On critique le prêtre qui est présent dans les médias parce qu'il ne correspond pas l'image qu'on voudrait voir. On rêve que la musique chrétienne passe sur des radios profanes et le jour où cela arrive, on reproche aux maisons de disques de se faire de l'argent sur le dos des chrétiens. C'est un vrai problème de fond ! Surtout que ces idées-là sont bien loin de la réalité. Les projets chrétiens qui ont fait le buzz (les Prêtres ou Thérèse) sont nés de l'intuition d'un chrétien. Aucune maison de disques n'est venue nous chercher en disant : « Apportez-nous un projet pour que l'on fasse du fric. » C'est bien plutôt le contraire qui se passe, et dans la plupart des cas il est difficile de convaincre les acteurs classiques de la production musicale de s'investir dans de tels projets qui leur paraissent risqués pour leur image et dont ils ne connaissent pas du tout le public.

La maison de disques n'accomplit que sa mission : vendre des disques. Sans forcément adhérer au propos, mais en faisant le pari de rassembler le maximum de personne autour d'un projet. Quand j'ai signé chez Universal Musique, j'avais déjà dix ans de carrière. Ils savaient exactement à quoi s'en tenir sur la nature de mon engagement. L'équipe avec qui je travaille ne cherche pas à changer ce que je fais, elle m'accompagne pour que je prenne un nouvel essor et que je me développe en tant qu'artiste afin de toucher plus de monde. C'est ainsi, en respectant ma particularité d'artiste chrétien, qu'ils accomplissent leur mission de vendre plus de disques. Même si je reste vigilant, mon label ne m'a jamais rien imposé dans mes choix artistiques ni dans les messages que je voulais délivrer. Au contraire, ils se sont vraiment intéressés à mon sujet afin de pouvoir comprendre mes choix. Je ne savais pas trop à quoi m'attendre au début, mais j'ai vite compris qu'ils étaient professionnels et qu'ils allaient défendre mon projet en connaissance de cause, sans blocages idéologiques. Certains sont devenus des amis avec qui j'ai des échanges profonds. Je sais qu'ils sont contents de s'occuper d'un OVNI comme moi, qui les sort un peu de leur routine. Avec leur regard de professionnel, ce sont eux qui m'ont donné les outils pour que le message chrétien que je porte puisse mieux passer dans l'industrie musicale et les médias.

Je ne connais pas tous les domaines dans lesquels les chrétiens peuvent s'engager aujourd'hui dans la société, mais je m'aperçois qu'il existe désormais beaucoup plus d'opportunités d'être entendus que par le passé. Il y a encore une ou deux décennies, tout le monde avait un avis sur l'Église, on était pour ou contre mais on avait des convictions fortes, fondées ou non. Le champ culturel *mainstream* était interdit à toute expression religieuse. Circulez, il n'y a plus rien à voir... Les chrétiens n'osaient d'ailleurs rien proposer, à cause d'un fort complexe d'infériorité qui régnait depuis les années 1960. C'est ce que j'appelle le syndrome « Jésus reviens ! » ou « Nathalie, mon amour des JMJ ». On adore tourner en dérision notre propre ringardise, notre manque chronique de professionnalisme... On a tout simplement démissionné de notre vocation missionnaire attachée à notre baptême. Finalement, l'entre-soi, la préservation de notre modèle socio-culturel nous suffisait sans qu'on n'ose se l'avouer.

Les jeunes générations ne sont plus systématiquement hostiles à la foi. Elles ont, certes, un a priori vaguement négatif sur le modèle culturel « catho-bourgeois » et sont prêtes à tourner en dérision, par facilité, les positions de l'Église sur l'amour et la sexualité, mais très peu connaissent message évangélique. Cette ignorance est à déplorer, mais elle constitue également une opportunité : nous sommes moins confrontés à des idées reçues qui bloquent tout dialogue et nous pouvons rencontrer une vraie curiosité chez beaucoup de personnes. L'annonce directe du Christ n'est pas toujours la meilleure méthode aujourd'hui. Le témoignage personnel est souvent beaucoup plus efficace. Si deux jeunes sympathisent, par exemple sur les bancs de la fac, et que progressivement l'un d'entre eux comprend que l'autre est chrétien, il n'y aura sans doute pas de rejet. Son ami vit comme tout le monde, avec peut-être plus de bienveillance et d'attention aux autres. Un lien affectif est né qui va permettre d'exprimer clairement un questionnement sur la foi, sans peur d'être jugé et sans réduire l'autre à la caricature du catho car on le connaît et on l'aime pour ce qu'il est. Soyons aimables et nous serons amenés à témoigner tout naturellement et il y a fort à parier que ce témoignage sera bien accueilli. Il y a une grande soif spirituelle autour de nous. Le monde est marqué par la crise économique, l'incertitude, le terrorisme... L'espérance manque et la plupart des jeunes savent que le discours « jouissez sans entraves » ne rime à rien et qu'il nous a conduit dans la situation difficile dans laquelle nous sommes... Nous sommes à la veille d'un retournement. Quand on observe bien, on s'aperçoit que les projets artistiques qui marchent vraiment bien expriment un désir d'enracinement, de fraternité, de transcendance. Les artistes sont souvent, par leur sensibilité, des indicateurs inconscients de l'âme des peuples. Je me rends compte que beaucoup d'entre eux, parmi les plus connus que je croise, rêvent de pouvoir parler de spiritualité mais qu'ils sont encore inhibés par la manière dont le système fonctionne : ne surtout pas cliver. Il reste encore des traces du combat culturel anti religieux de ces dernières décennies.

Pourtant il y a encore quelques années, personnes n'aurait pu imaginer qu'un groupe appelé « Les Prêtres » puisse vendre plus de deux millions d'albums, que des artistes confirmés comme Grégoire ou Natasha St-Pier acceptent d'interpréter des poèmes de sainte Thérèse et que la candidature puis la victoire de sœur Cristina à *The Voice* Italie suscite la sympathie générale. Il y a vraiment matière à espérer que ce réveil spirituel se confirme au sein de la société et de ses élites artistiques et médiatiques. Nous avons donc une mission historique, celle d'être à la hauteur pour prendre la parole sur ce créneau qui s'ouvre. Cette espérance est au cœur de mon engagement aujourd'hui. J'ai à cœur avec mon équipe de faire émerger d'autres artistes, pour proposer de nouvelles idées aux maisons de disques. Nous avons créé avec Universal un label dédié à la musique chrétienne, nous essayons d'intéresser les grandes chaînes de télé à des partenariats et nous rencontrons de plus en plus d'intérêt. L'important pour nous est de rester tout à fait authentiques et fidèles à l'Église dans cette démarche. La communauté chrétienne a une responsabilité. Pour que ces projets puissent être relayés médiatiquement il faut que les premiers concernés les soutiennent. C'est parce que j'ai la chance d'être soutenu dans ma démarche par des chrétiens que les médias s'intéressent à mon projet. La qualité artistique doit donc être au rendez-vous. Pour être fécond, il faut refuser l'amateurisme.

Je m'exprime au nom du domaine que je connais, mais je sais qu'il en est de même pour les autres. Donne-toi à l'engagement qui te convient et si tu te sens attiré par la politique, une carrière intellectuelle ou bien par le monde des affaires ose t'en donner les moyens. Cherche à être chrétien là où tu es dans ton travail, dans tous les aspects de ta vie. Vouloir vivre « chrétiennement » n'est pas un frein pour changer les choses, il faut être inventif et l'expérience prouve que les choses peuvent vite changer dans notre société.

C'est la Bible qui le dit

De toute manière je vous l'ai montré : c'est en peinant ainsi qu'il faut venir en aide aux faibles et se souvenir des paroles du Seigneur Jésus, qui a dit lui-même : Il y a plus de bonheur à donner qu'à recevoir.

Actes des Apôtres 20, 35

Conseil # 14

Sois témoin de ton engagement. Vis avec ton temps, tes idées, les moyens que tu connais ou que tu ne connais peut-être pas encore.

Prends exemple

Une fois les conditions du discernement respectées et si le désir de s'engager, d'être utile et de faire en sorte que sa vie prenne un sens plus élevé que la simple préservation de son confort personnel est présent, il est toujours bon de se laisser inspirer par des grandes figures engagées. Elles peuvent être connues, comme Mère Teresa ou l'Abbé Pierre, ou non, et prendre ainsi le visage de l'un de ces nombreux témoins que Dieu met sur notre route et qui peuvent guider notre compréhension de l'engagement. Dieu ne nous demande rien que nous ne puissions accomplir et il nous envoie les bonnes personnes pour nous aider à avancer.

J'ai rencontré il y a près de dix ans une religieuse, une fille de la Charité de Saint-Vincent-de-Paul qui irradiait une simplicité et un charme proprement divin. Un dimanche comme un autre, elle est venue à l'invitation du curé de ma paroisse pour nous parler à la fin de la messe de « ses bonnes œuvres » au Congo... C'est le moment que nous redoutons tous, quand notre esprit s'est déjà détaché de la célébration et que nous ne pensons qu'à rentrer chez nous. Pourtant j'ai été saisi par sœur Marguerite, je l'ai écoutée jusqu'au bout et nous sommes même plus tard devenus amis. J'ai la chance de pouvoir régulièrement chanter pour elle au Congo ou en France. Quand le curé l'a présentée comme la fondatrice d'un réseau d'écoles gratuites pour les exclus, elle s'est récriée avec drôlerie : « Je n'ai rien fondé du tout ! On est à chaque fois venu me chercher parce qu'il y avait un problème et je n'ai pas eu le choix que d'essayer d'aider les gens que je rencontrais. Il y a toujours eu des bonnes volontés, des grands amis, qui sont venus m'aider et les choses ont pris de l'ampleur... » Et c'est vrai ! Ce n'est pas de la fausse modestie.

Sœur Marguerite est née à Roubaix. Elle arrive au Congo-Brazzaville en 1974, alors que le pays est dominé par une dictature marxiste. Elle est alors la secrétaire du cardinal Biayenda qui allait être assassiné peu de temps après par le pouvoir.

En dehors de sa mission officielle elle entreprend de donner quelques cours de français à des femmes analphabètes, privées d'éducation à cause de son coût et des problèmes récurrents de tensions ethniques. Toutes sont de très jeunes mamans, aussi elles viennent accompagnées de leurs enfants. On met en place des classes pour recevoir leurs petits. Certains d'entre eux souffrent de handicaps moteurs ou mentaux et sont livrés à eux-mêmes. Une « section pratique » est conçue pour les accueillir, c'est la première institution à accueillir les handicapés au Congo. Les grands frères et sœurs sont tout aussi illettrés. Un parcours pédagogique est également élaboré pour eux : si on ne veut pas l'humilier, il est impossible d'envoyer un garçon de quinze ans au CP. Petit à petit, en répondant aux besoins qui se présentent, sans plans ni stratégies ou projets pédagogiques, sœur Marguerite invente tout un modèle d'éducation permettant de réinsérer n'importe quel jeune dans la société, soit en le réintégrant dans le système scolaire, soit en lui donnant une qualification professionnelle… Elle se préoccupe des besoins des gens qui viennent à elle et les aiment tout simplement. Elle veut le meilleur pour eux. Elle défend ses convictions malgré les persécutions du régime et les deux guerres civiles qui ont ensanglanté le Congo. Sœur Marguerite est tout sauf une gestionnaire ou une planificatrice. Elle est souvent brouillonne ou distraite et elle a parfois pris de mauvaises décisions lorsqu'elle était directrice. Mais son cœur est si grand que le Seigneur s'est penché sur son œuvre avec une constance miraculeuse. Aujourd'hui, ses « écoles spéciales » continuent de sauver des milliers d'enfants, de jeunes et d'adultes en Afrique. De nombreux docteurs en sciences de l'éducation se sont penchés sur son modèle et l'ont jugé extrêmement pertinent pour promouvoir l'éducation dans les pays en voie de développement. Depuis deux ans, des écoles du même genre ont ouvert en Inde. Si l'on reconnaît un arbre à ses fruits, alors les intuitions du cœur de sœur Marguerite et son travail acharné ont été féconds. Je l'admire d'autant plus que je la connais bien : elle est consciente de ses défauts et de ses faiblesses, elle rend toute la gloire de ses actions à Dieu et aux gens qui l'ont entourée et elle ne transige pas sur l'impératif d'amour qui prime à la racine de tout engagement. Elle a su pardonner toutes les avanies et maintenant qu'elle est retirée au couvent de la rue du Bac, elle s'est abandonnée dans la confiance. Elle continue, à 90 ans, à donner des cours à des migrants afghans et à s'occuper des plus pauvres à la Mie de pain. Voilà l'engagement dans sa simplicité, l'amour qui jaillit du cœur au nom du Christ et qui permet de survoler tous les obstacles.

En mars 2016, j'ai été invité à participer à un voyage missionnaire au Bénin organisé par mon amie Mariette qui travaille pour les Œuvres pontificales missionnaires du Luxembourg. Mariette a vécu pendant de longues années dans des pays africains à majorité musulmane. Elle appartenait à une communauté religieuse mais elle n'était pas sur place pour évangéliser, elle travaillait à rendre leur dignité aux plus faibles et aux plus petits. Elle s'est notamment occupée de lépreux qui étaient rejetés, voués à la mort à cause de leur infirmité. Sans pouvoir toujours parler du Christ autour d'elle, elle était le signe invisible de son Amour au sein d'une société parfois très violente. Un jour, au Tchad, son véhicule a été pris pour cible par des tirs. Elle a frôlé la mort. L'engagement peut être ultime. C'est une vocation, un témoignage auquel peu d'entre nous sont appelés, mais c'est celui qu'a suivi le Christ pour nous sauver. À la suite de cette expérience, Mariette a dû rentrer en Europe et reconstruire sa vie. Je me sens proche d'elle sur ce point... comment faire lorsqu'un engagement qu'on croyait définitif doit s'interrompre ? Comment le poursuivre sous une autre forme ? Mariette s'est mariée et s'est engagée pleinement dans une nouvelle vocation. Elle travaille aujourd'hui à la coordination et à la promotion des activités missionnaires de l'Église dans le monde entier. Elle n'est pas comme la plupart de ses collègues. Elle a, elle-même, été missionnaire sur le terrain et elle ne se laisse jamais endormir par la routine du travail de bureau. Elle vit dans un pays et travaille dans un autre, elle a mille idées par jour pour faire parler de la mission et de l'Église universelle autour d'elle. Elle est à l'initiative de la création d'un spectacle missionnaire pour aider les jeunes à révéler leurs talents tout en devenant témoins auprès du public de leur attachement au Christ. Je pense qu'il y a plusieurs étapes dans un engagement. Il y a le moment où l'on reçoit beaucoup des autres, des expériences nouvelles que l'on fait, on mûrit spirituellement et puis un jour, c'est à nous de transmettre, de faire bénéficier aux autres de son expérience. On peut être amené à diriger une équipe, à recevoir des responsabilités qui importent à la communauté et à l'Église. C'est une forme d'engagement moins romantique et moins attendue que celles auxquelles on pense spontanément. À un moment il faut laisser son engagement à d'autres, dans la confiance. Nul n'est propriétaire de sa mission, on la reçoit de Dieu dans l'obéissance...

Au cours de ce voyage au Bénin, nous avons été accueillis par un évêque qui m'a beaucoup impressionné. Il s'appelle Paul Vieira et le moins qu'on puisse dire c'est que son quotidien ne ressemble pas à celui de nos évêques français. J'ai ressenti la même chose qu'avec ses confrères irakiens : il est véritablement le père et le berger de son peuple. Il se préoccupe d'eux spirituellement et matériellement, il doit mériter leur confiance et cela demande de grands sacrifices. Il ne faut pas aller trop vite. Il faut accepter son peuple tel qu'il est. Monseigneur Paul est un brillant intellectuel. Il a dirigé le séminaire de Cotonou après avoir travaillé à la Curie à Rome. C'est un homme qui en impose par sa stature et qui malgré un combat de tous les instants contre une grave maladie, déborde de dynamisme. Il y a vingt ans, il est ordonné évêque d'un diocèse qui n'existe pas encore... Il a pourtant réussi à bâtir toute une vie d'Église dans la région de Djougou qui compte très peu de chrétiens et qui abrite les populations les plus pauvres du pays à cause d'une terre moins fertile qu'ailleurs. La région est majoritairement musulmane et la cohabitation est de moins en moins facile. À son arrivée, Monseigneur Paul ne peut compter que sur sept prêtres qui lui sont envoyés par d'autres diocèses. Il commence par visiter tous les villages reculés dans la brousse, dans lesquels on parle de nombreuses langues différentes et où l'on vit encore comme aux siècles précédents. Son ministère commence par une mission qui peut sembler simple mais qui se révèle finalement être difficile : convaincre les habitants d'abandonner les pratiques inhumaines qui leur sont inspirées par la superstition. Il arrive que des enfants « non conformes » soient tués à leur naissance. Il suffit de naître par le siège pour être considéré comme sorcier et être éliminé. Les malades mentaux sont enchaînés aux arbres. L'évêque part à la rencontre des chefs de village pour leur parler de ces pratiques et parvient à les convaincre de lui confier tous ceux dont ils veulent se débarrasser par peur des maléfices. Son argument est le suivant : « Plutôt que de les tuer, confiez-les-moi ! Je ferai élever ces enfants avec amour dans des maisons que je construirai pour eux et moi je serai souvent avec eux. Je reviendrai vous voir dans quelques années et vous verrez s'ils m'ont fait du mal. Si je reviens vous voir, vous serez obligés d'admettre que ces enfants ne représentent aucun danger. » Seul un Africain peut tenir ce discours, la plupart des missionnaires européens n'ont même pas conscience de ces réalités. Mgr Paul est devenu un bâtisseur : en deux décennies il a érigé des dizaines de paroisses mais surtout des hôpitaux, des dispensaires, des orphelinats et des écoles. Il est maintenant entouré de cinquante-deux prêtres qui cherchent avant tout à venir en aide aux populations afin de les redresser matériellement et moralement. Il faut construire un puits avant de construire une église. Seul le témoignage de l'amour peut interpeller les gens qui souffrent et leur donner envie de s'intéresser au Christ qui est venu d'abord pour eux... Ce qu'a fait Mgr Paul Vieira est admirable, nous avons pu visiter la plupart des implantations de son diocèse. Son destin était tout tracé : élite parmi l'élite de son pays, promis à une vie confortable au service du Vatican ou à la tête d'évêchés plus « importants ». Pourtant il a souhaité demeurer engagé dans cette mission. Lui, si finement éduqué, passe son temps à répondre aux premiers besoins des populations, musulmanes ou animistes qui vivent autour de lui. Il a accepté sa mission et il est, à mes yeux, un véritable témoin de la miséricorde.

J'ai croisé la route de ces trois personnes et elles m'ont beaucoup appris sur les différentes manières de donner sa vie. Aucun d'entre eux n'a rêvé sa mission, je les trouve « équilibrés » physiquement, moralement et intellectuellement. Et surtout, ils sont tous les trois joyeux au quotidien et pleins d'humour. Je crois que « faire contre mauvaise fortune, bon cœur » est une discipline qui change la vie autour de soi. Cela apporte la sérénité à l'intérieur et ça détend bien des situations à l'extérieur.

C'est la Bible qui le dit

Oui, cherchez à imiter Dieu, comme des enfants bien-aimés, et suivez la voie de l'amour, à l'exemple du Christ qui nous a aimés et s'est livré pour nous, s'offrant à Dieu en sacrifice d'agréable odeur.

Épître aux Éphésiens 5, 1-2

Conseil # 15

On est toujours le petit de quelqu'un. Humblement inspire-toi de grands témoins. Entre les saints, les saintes, les grandes figures qui ont marqué le christianisme tu as l'embarras du choix. Sois curieux et découvre leur vie. Garde l'œil ouvert, il se peut que cette grande figure soit à tes côtés. En voici une liste non exhaustive : le père Brottier, Pier Gorgio Frassati, Frederic Ozaname, Maximilien Kolb, Louis et Zélie Martin, ta marraine, ton grand-père, un prêtre...

L'amour commence aujourd'hui. C'est aujourd'hui que quelqu'un souffre. C'est aujourd'hui que quelqu'un vit dans la rue. C'est aujourd'hui que quelqu'un a faim. C'est aujourd'hui que nous devons nous engager. Hier est passé. Demain n'est pas encore arrivé. C'est seulement aujourd'hui que nous pouvons annoncer Dieu, en aimant, servant, nourrissant l'affamé, en habillant celui qui est nu, en donnant un toit aux pauvres. N'attends pas jusqu'à demain ! Demain, ils seront morts, si nous ne leur donnons rien aujourd'hui.

Mère Teresa

Remerciements

Je tiens à remercier tous ceux qui m'ont soutenu dans l'écriture de ce livre. En premier lieu Marion Scheffels et les Éditions du Cerf qui sont venues me proposer de travailler sur le thème de l'engagement. Cela m'a fait entrer dans une réflexion qui a nourri mon travail artistique. Merci à celles et ceux qui m'ont relu et qui ont enrichi mon texte par leurs suggestions : le frère Benjamin, Marie-Sophie Salaün, Laurence Desjoyaux, Émilie Guibaud, Isabelle Weinachter.

Merci à mon équipe chez Ultreïa et Première Partie : Aurore Caudal, Camille Patureau, Maxine Ankevis et Pierre Chausse. Ce sont eux qui m'accompagnent dans mes engagements et qui les rendent possible.

Que Dieu continue de bénir chacune de mes rencontres. Merci à tous ceux qui m'ont fait confiance, qui m'ont confié des missions dans l'Église ou qui ont cru dans mes projets artistiques. Merci à ceux qui ont consacré leur vie à améliorer celle des autres.

Découvre mon nouvel album : *Changer de vie*

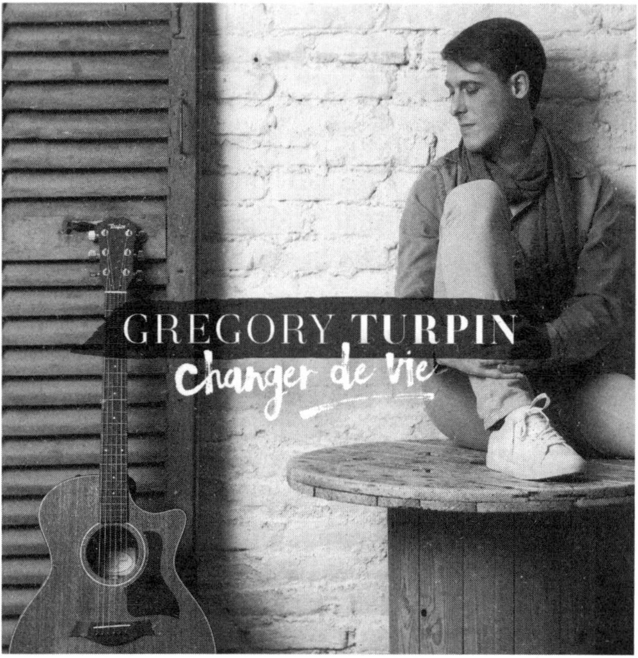

#engagetoi

Table des matières

Composition : Le vent se lève...

Imprimé en France

Achevé d'imprimer en mai 2016
sur les presses de la Nouvelle Imprimerie Laballery
58500 Clamecy
Dépôt légal : mai 2016
Numéro d'impression : 604496

Imprimé en France

La Nouvelle Imprimerie Laballery est titulaire de la marque Imprim'Vert®